No en nuestro patio trasero:

Experiencias comunitarias contra la industria del cemento

Brisa Violeta Carrasco Gallegos
Jorge Tadeo Vargas
Compiladores

Información de la edición:
Bajo licencia Creative Commons
Reconocimiento – NoComercial, SinObraDerivada.
No en nuestro patio trasero:
experiencias comunitarias contra la industria del
cemento

Compiladores:
Brisa Violeta Carrasco Gallegos,
Jorge Tadeo Vargas

Primer edición, 2016
Laboratorio de Investigación en Desarrollo
Comunitario y Sustentabilidad, LIDECS, AC
Astillero Ediciones
Frente de Comunidades en Contra de la Incineración
Toluca, Estado de México

Diseño editorial y maquetación:
Jonathan Maldonado Adame
Foto de portada: Holcim, en Apaxco, Estado de
México. Jorge Tadeo Vargas

ISBN-13: 978-1539669876
ISBN-10: 1539669874

AGRADECIMIENTOS:

En primer lugar queremos agradecer a todas las comunidades en resistencia y en defensa de su territorio. Su ejemplo de lucha es inspirador. Igual a todas aquellas personas que de una manera u otra se han involucrado en esta aventura de denuncia y resistencia desde sus propios ambientes y lugares de acción: medios libres, estudiantes, investigadores, activistas medio ambientales y de Derechos Humanos, en fin, son tantos que no nos da el espacio. Ustedes siéntanse aludidos con este agradecimiento. A cada uno de los autores que dono su tiempo y experiencia para lograr armar este esfuerzo de difundir las luchas, a Jonathan por donar su talento en el diseño, a la Alianza Global para Alternativas a la Incineración que permite que estos esfuerzos globales, coordinados tengan una resonancia local.

ÍNDICE:

Resistencia comunitaria y la industria del cemento
(A manera de prólogo)

Jorge Tadeo Vargas
LIDECS

Existen tres grandes en los que la civilización humana fue creando el escenario en el que vivimos actualmente y aunque pudiéramos irnos más atrás o debatir sobre cuales momentos son más o menos importantes; estos momento a los que me refiero los identifico como el primer paso en la era preindustrial hacia la revolución que significo el comienzo de la tecnificación del modelo de producción – consumo. Esta revolución industrial permitió que un sistema como el capitalismo; que en ese momento apenas estaba sentando sus bases de lo que sería su forma operativa; este sistema se fortaleció; sino que encontraría en la revolución industrial a su mejor aliado para apuntalar un modelo de producción – consumo que ya venía siendo un modelo lineal (extracción-producción-consumo-disposición) pero que con el aporte ideológico del capitalismo tuvo mucho más argumentos teorico-practicos para convertirse en el modelo hegemónico a nivel global. Esta tecnificación permitió que muchos de los productos básicos para el crecimiento y desarrollo de los países dentro de la lógica capitalista fueran mejorando en cuanto a su durabilidad y eficacia.

El segundo momento son los alcances técnicos para la producción y el uso del cemento; materia prima que tiene una larga historia con la humanidad; que data desde siglos atrás del nacimiento de Cristo; pero que no fue sino hasta inicios del siglo XX que se logró llegar a un grado de especialización que trajo consigo el concepto de megaproyectos; así es como nacen las grandes carreteras que conectan una gran ciudad con otra, el turismo a gran escala, las enormes hidroeléctricas, el repunte de la minería, en fin, de cierta manera el cemento permitió sentar las bases para que se diera le tercer momento: el nacimiento del neoliberalismo que no es sino la evolución más voraz y devastadora del capitalismo; incluido ese capitalismo de Estado que se disfraza de progresista.

El sistema neoliberal trajo consigo el empoderamiento de las empresas transnacionales sobre el Estado-Nación convirtiendo a este en un simple facilitador para lograr sus avances. A medida de que los bienes naturales, estratégicos pasaban a ser privatizados; aumentaba también la extracción y el deterioro de la naturaleza, a la par del rompimiento del tejido social en las poblaciones. Así pues con el aumento de los megaproyectos, la industria del cemento también fue creciendo y no solo eso, sino que ante la crisis socio-ambiental que se vive actualmente, producto del insostenible modelo de producción-consumo, el sistema busca como aprovechar esta crisis, de la cual es la causa y consecuencia y donde la industria del cemento también saca partido en las últimas fechas. La incineración de residuos como sustituto a los combustibles fósiles es la tendencia dentro de esta industria, aumentando con esto los impactos negativos en las poblaciones cercanas. Esto ha generado una serie de resistencias por parte de las comunidades que están siendo amenazadas a nivel mundial.

Este pequeño libro en extensión pero grande en contenido intenta recoger ese sentimiento de resistencia comunitaria a nivel global, así como algunos documentos críticos de expertos ambientalistas; como son los textos de Raúl Montenegro de la Fundación para el Medio Ambiente, en Argentina, de Carlos Arribas de la organización española Ecologistas en Acción, de Mariel Vilella y Magdalena

Donoso de la Alianza Global para Alternativas a la Incineración; también recoge una interesante crónica viajera de Suzanne Bönner y su paso por México entrevistando a comunidades en resistencia. Estos textos se complementan con los textos de las propias comunidades alrededor del mundo; como son Brasil, India, El Salvador y por supuesto, México; pues desde el corazón del capitalismo como lo es la industria del cemento, las luchas comunitarias lo dicen claro y fuerte: No en nuestro patio trasero, no se permitirá más, las condiciones de riesgo en las que nos están obligando a vivir.

Esta publicación espera contribuir a las resistencias comunitarias, partiendo de la idea de que la información es para la acción. Esperamos lo disfruten.

América Latina: resistencia popular contra plantas de cemento que dañan la salud de las personas y el ambiente

Raúl Montenegro,

Fundación para la Defensa del Ambiente (FUNAM) Universidad Nacional de Córdoba, Argentina

Las plantas de cemento son actividades industriales cuyos impactos sobre la salud y el ambiente han aumentado en diversidad e intensidad, sobre todo a partir del uso, como combustible, de residuos peligrosos.

Actualmente 156 países tienen plantas para la producción de cemento. En el año 2008 se registró una producción mundial de 2.872 millones de toneladas, de las cuales 1.400 millones de toneladas fueron producidas en China y 183 millones de toneladas en India. Le siguen en orden decreciente de producción Estados Unidos, Japón, Rusia, Brasil, Corea del Sur, Turquía, Irán y México. Regionalmente Asia contribuye con el 67% de la producción mundial e incluye 9 de los 20 países con mayor cantidad producida. En el 2008 los principales países exportadores de cemento fueron, en orden decreciente de ventas, Alemania, Bélgica, China, Italia, España, Canadá, Estados Unidos, Gran Bretaña, Holanda y Malasia. Ese mismo año los principales importadores fueron, también en orden decreciente, Estados Unidos, Holanda, Francia, Alemania, Gran Bretaña, Suiza, Noruega, Canadá, Singapur y Bélgica [CII, 2011].

Para América Latina el Instituto Colombiano de Productores de Cemento identificó en 2007 un total de 155 plantas cementeras distribuidas de la siguiente forma, de mayor a menor producción: Brasil (58 plantas con 45,97 x 10^6 ton/año); México (32 plantas con 38,80 x 10^6 ton/año); Colombia (18 plantas con 11,06 x 10^6 ton/año); Argentina (14 plantas con 9,60 x 10^6 ton/año); Perú (6 plantas con 6,20 x 10^6 ton/año); Ecuador (5 plantas con 4,44 x 10^6 ton/año) y Chile (7 plantas con 4,40 x 10^6 ton/año). Venezuela tenía 10 plantas y Panamá 2 para los cuales no disponía de datos de producción. Los mayores exportadores en 2007 fueron México con 2,2 millones de toneladas y Colombia, con 1,7 millones de toneladas de cemento [Herrera, 2008]. Guatemala tiene 2 plantas en operación, al igual que Uruguay (en este último caso una estatal y la otra privada).

Según la Asociación de Fabricantes de Cemento Portland (AFCP) existen en Argentina cuatro principales grupos dedicados a la fabricación de cemento, Loma Negra, Minetti/Holcim, Cementos Avellaneda y PCR [AFCP, 2011].

Impactos de las cementeras por extracción y por descarga

Las cementeras contaminan el aire, el agua, el suelo y los organismos vivos. El impacto es producido por dos fuentes principales, las actividades extractivas (minería de superficie) y la fabricación de cemento, en particular cuando se sitúan a escasa distancia una de otra.

Dados los cambios tecnológicos que se fueron incorporando a los procesos (hornos rotativos y procesos húmedos en 1895, los precalentadores de suspensión en la década de 1930, los precalentadores con cuatro etapas ciclónicas en la década de 1970) existe una gran variedad de plantas, incluidas las híbridas, que tienen diversos potenciales de contaminación. Inadecuado mantenimiento, fallas técnicas, cortes en el suministro de combustible y fallas de procedimiento agregan mayor incertidumbre en sus procesos.

Una planta de cemento genera impactos por consumo (lo que necesita como insumos) e impactos por descarga y eventual agregado (lo que "sale" del sistema).

Entre los principales impactos por consumo se cuentan la demanda de materia prima (por ejemplo roca caliza, impacto minero de superficie) y aditivos; la demanda de combustibles convencionales; la demanda de aceites y otras sustancias para mantenimiento y operaciones; la demanda de agua y la demanda de energía eléctrica. Una cementera con proceso seco y precalcinador que produzca 2,54 MTPA de cemento (millones de toneladas por año) puede consumir 3.000 m^3/día de agua y 30 MW de electricidad [JAL, 2011].

Entre los principales impactos "por salida" del sistema se listan contaminantes sólidos masivos, contaminantes sólidos en partículas (sobre todo polvo de horno), agua contaminada (con alto pH, sólidos suspendidos, sólidos disueltos –por ejemplo potasio y sulfatos- y metales pesados), contaminantes líquidos complejos (restos de aceites y demás insumos), olores, ruidos molestos y los contaminantes contenidos en el cemento (orgánicos, inorgánicos) [Montague, 1992].

Gleis [2003] condujo una profunda revisión sobre el contenido de metales en los cementos producidos por plantas que queman residuos como combustible secundario. Dos de sus conclusiones son relevantes. Primero, que los cementos así producidos muestran "*un ligero aumento en la concentración de elementos traza*". Segundo, que las regulaciones actuales sobre producción y uso del cemento "*no contienen ningún tipo de requerimiento en término de concentración permisible de contaminantes*" [Gleis, 2003]. Como consecuencia de este vacío los consumidores no están informados y tampoco se los protege de las eventuales consecuencias que pudieran provocar sobre su salud y el ambiente la liberación de dioxinas, furanos, metales pesados y demás contaminantes desde objetos y obras elaborados con esos cementos.

Las operaciones en el tiempo de las plantas se acompañan de procesos de almacenamiento local de grandes masas de residuos, muchos de ellos enterrados legal o ilegalmente en el propio predio (volúmenes importantes de polvo de horno y de clinker no usado, restos de asbesto empleado en construcciones antiguas, otros residuos), o que se almacenan en edificios y a la intemperie (por ejemplo transformadores en desuso contaminados con PCBs, equipos obsoletos, etc.).

Los principales problemas son generados, sin embargo, por los microcontaminantes que disemina la cementera, por ejemplo partículas, pues generan depósitos secundarios dentro y fuera del predio. Dichos depósitos, con estructuras, superficies, volúmenes y contenidos muy variables, son fuentes secundarias extremadamente activas de contaminación. En algunos casos reflejan la historia misma de las emisiones, visible en las sucesivas capas depositadas sobre suelo o en los sedimentos de un tanque de agua. El viento y el agua, al actuar sobre ellos, recrean situaciones de contaminación y contribuyen a formar nuevos depósitos, o bien aumentan la carga de otros que ya existían.

En el caso de la vegetación expuesta, la deposición de partículas sobre las hojas interfiere su proceso de fotosíntesis y modifica incluso la eco-fisiología de las plantas verdes [Rahmana & Ibrahimb, 2010].

La operación normal de una cementera genera a su vez otros impactos, en particular por el movimiento de vehículos que traen insumos y residuos, y trasladan cemento u otros productos, sobrecargando la infraestructura vial. En toda su zona de operaciones, dentro y fuera de la industria, esos vehículos descargan ruidos molestos, partículas y gases, pero también remueven los depósitos secundarios de partículas.

Las minas utilizadas para obtención de materia prima son otra fuente muy importante de impactos. Pueden pertenecer a la propia cementera o actuar como proveedoras externas independientes. Alteran la topografía y contaminan el aire, el agua, el suelo y los seres vivos. Cuando se desarrollan en cercanías de las cementeras –lo cual reduce los costos de flete- sus impactos se suman a los producidos por la planta.

Al incorporarse el uso de residuos peligrosos y no peligrosos como combustible los riesgos se diversificaron e incrementaron al quedar instaladas nuevas fuentes de contaminación, entre ellas las vías de traslado de los desechos, las tareas de transferencia intermedia, la existencia de depósitos transitorios, la trituración, la generación de nuevos cócteles de insumos (residuos + combustibles fósiles + materia prima), los procesos de pirólisis y oxidación de estas mezclas en distintos tramos del proceso (sobre todo precalcinadores y horno) y la contaminación de los cementos terminados con dioxinas, furanos, otros COPs, metaloides y metales pesados. Las empresas transportadoras de residuos peligrosos, por ejemplo, suelen generar sus propios depósitos secundarios en inmediaciones de las plantas (Montenegro 1997, 1999, 2004a, 2004b, 2006).

Dado que la incineración de residuos en cementeras se alimenta con flujos continuos y altamente variables de sustancias, es necesario ajustar las condiciones de quema de los residuos ingresados. Para ello deben tenerse en cuenta de qué sustancias se trata y conocer sus respectivas propiedades físicas y químicas. Para cada sustancia a tratar es necesario conocer su análisis químico; la presencia de metales y halógenos (cloruros, bromuros, fluoruros por ejemplo); valor calórico; tamaño, forma y cantidad si se trata de sólidos; viscosidad e impurezas cuando son líquidos; densidad e impurezas en los gases; porcentaje de componentes orgánicas; características especiales (corrosividad, reactividad, inflamabilidad) y toxicidad (por ejemplo sustancias carcinógenas, disruptoras endocrinas, depresoras del sistema inmune etc.) [*cf.* Karstensen, 2004; Montenegro, 2010].

La gran capacidad de producción de muchas cementeras implica que a mayor producción mayor es la emisión de contaminantes sólidos, líquidos y gaseosos al ambiente, aún cuando existan sistemas de abatimiento. Otros dos factores agravan el impacto: la permanencia de la población expuesta en sus lugares tradicionales de residencia –usualmente cerca de la planta- y la existencia de depósitos secundarios de contaminantes "alimentados" con las descargas rutinarias y accidentales. Son emblemáticos los depósitos secundarios de partículas que "tiñen" con polvo las inmediaciones de las cementeras.

El sistema de riesgos se complica aún más cuando los cócteles contaminantes emitidos por las cementeras entran en contacto con los agentes procedentes de otras fuentes ubicadas en la misma zona (energías, materiales). Interaccionan entonces "n" fuentes, se producen "n" cócteles distintos con variables modelos de emisión y se definen "n" rutas que alcanzan -en el tiempo- "n" puntos o áreas de exposición. La existencia previa de contaminantes acumulados en el organismo de personas expuestas aumenta ese riesgo.

Lamentablemente la mayoría de las cementeras que pasaron a utilizar residuos como combustible no fueron diseñadas para dicha función. Esto implica que sobre tecnologías de producción a base de combustibles tradicionales, líquidos, gaseosos o sólidos, se superpusieron flujos y requerimientos especiales que necesitan pautas de manejo y precauciones muy distintas. La misma consideración es válida para los obreros y técnicos de las empresas de cemento, pues no fueron preparados para el manejo de residuos peligrosos. Lo anterior define sistemas productivos experimentales que funcionan por prueba y error. Incluso los esquemas de monitoreo ambiental y biológico aplicados a plantas convencionales y a plantas que usan residuos peligrosos son muy diferentes.

La extrema variación de los residuos utilizados, la ausencia de controles remesa por remesa (pues las declaraciones juradas pueden no ajustarse a la composición cuali-cuantitativa real) y las mezclas aleatorias que resultan refuerzan la naturaleza experimental de los procesos y sus efluentes. A diferencia de los combustibles tradicionales, menos variables, el uso de residuos crea contextos físico-químicos usualmente no evaluados y por lo tanto poco predecibles. Lamentablemente las empresas cementeras no asumen el riesgo de la variabilidad contaminante.

Es usual por otra parte que no se realicen monitoreos ambientales en forma continua e independiente, ni se tomen y analicen muestras biológicas de personas expuestas. En el caso específico de dioxinas y furanos no se han logrado tecnologías probadas para su monitoreo continuo en planta. Tampoco suelen efectuarse estudios epidemiológicos que permitan detectar cambios, en el tiempo, de los indicadores de morbilidad y mortalidad. Se generan así zonas de sacrificio donde las evaluaciones (incompletas) son solamente realizadas por las empresas; el Estado suele estar ausente y las comunidades afectadas carecen de herramientas de control y de poder relativo dada su dependencia parcial de las fuentes de trabajo. Este ciclo de silencio y resignación suele romperse cuando las personas detectan los impactos y sus causas, y los sistemas coactivos de las empresas o el Estado son superados con organización y resistencia comunitaria. Las acciones de protesta iniciadas en distintos lugares de América Latina se inscriben en este proceso de silencios rotos [FUNAM, 1995; Sunuc, 2001; Montenegro, 2006; Nacif, 2009; GAIA, 2011a, 2011b; Díaz, 2011; Minor, 2011; Rodríguez Maldonado, 2011; AC-FOE, 2011].

Prohibiciones para la instalación de incineradores

En Argentina un conjunto de Municipalidades prohibió la incineración de residuos, entre ellas las de Laguna Paiva (2009), Rosario (2005, 2008), Totoras (solo patógenos), Granadero Baigorria (solo patógenos, 2003), Villa Constitución (2002), Coronel Bogado (2002), Casilda (2002, 2003) y Capitán Bermúdez (2002) en la provincia de Santa Fé; Zárate (prohibición temporal, 2008), General Pueyrredón (2006) y Tres Arroyos (2003) en la provincia de Buenos Aires; Villa Allende (2004), Villa Nueva (en área urbana, 2004) y Marcos Juárez (2002) en la provincia de Córdoba; Crespo (2004) en la provincia de Entre Ríos; Palpalá (2002) en la provincia de Jujuy y Esquel (2004) en la provincia de Chubut [CCCI, 2011].

A nivel provincial Santa Fé prohibió la eliminación de residuos sólidos y asimilables por el método de incineración, con o sin recuperación de energía, y la contratación de empresas incineradoras de residuos fuera de la provincia (2009). Mantiene sin embargo en San Lorenzo un conjunto de plantas de tratamiento de residuos peligrosos e incineración que generan elevados niveles de contaminación. En la provincia de Tierra del Fuego, en tanto, se prohibió por ley la instalación de hornos pirolíticos en las ciudades de Río Grande, Ushuaia y Tolhuin (2005) y la provincia de San Juan prohibió la construcción de crematorios en áreas urbanas y periurbanas (2001). El gobierno de la ciudad de Buenos Aires –por su parte- sancionó una Ley de Basura Cero que incluye la prohibición de incinerar residuos sólidos urbanos (2005), y [CCCI, 2011]. En todas las jurisdicciones donde se prohibió la incineración de cualquier tipo de residuos la norma se aplica implícitamente a los hornos de cemento, que en esos lugares solo pueden utilizar combustibles no residuales.

Cementeras que incineran residuos y conflictos socio-ambientales

Las cementeras convencionales que usan combustibles fósiles líquidos, sólidos y gaseosos son fuentes importantes de contaminación, pero la incorporación de residuos –especialmente los peligrosos- aumentó no solamente la diversidad de contaminantes producidos sino también el riesgo sanitario y ambiental. Además de los problemas inherentes a las plantas de cemento se suman los riesgos derivados del transporte, almacenamiento y gestión de los residuos, y de la actividad minera.

El cuadro anterior puede agravarse cuando las cementeras tienen deficientes sistemas de gerenciamiento (fallas atribuibles al personal directivo y a los trabajadores) y control inexistente o inadecuado por parte de los gobiernos. Las cementeras hacen en general lo que las autoridades les permiten [Giesen, 2011]. Otras situaciones empeoran el sistema, como incorrectas evaluaciones de impacto ambiental para nuevas plantas y grupos externos de monitoreo que por responder a las empresas pierden independencia. Estas situaciones se vuelven aún más complejas cuando los proveedores de insumos en general y las empresas externas que captan y aportan residuos para la incineración muestran deficiencias similares y el Estado no los fiscaliza.

Lo descrito en este y otros trabajos permiten visualizar la naturaleza esencialmente contaminante de las cementeras, en particular aquellas localizadas en países del Tercer Mundo. Esto desencadena innumerables conflictos socio-ambientales, sobre todo en países cuyos sistemas políticos que reprimen las protestas ciudadanas.

Cuanto mayor es la dimensión de la cementera y menor la distancia que existe entre la planta y la comunidad expuesta, mayor la posibilidad de reacciones y de resistencia social. Los factores que dificultan la resistencia y lucha de los barrios y comunidades más afectados incluyen –entre otros- la coexistencia de vecinos que trabajan y no trabajan en las plantas, las prácticas clientelares, la connivencia entre autoridades locales y directivos de las empresas, la corrupción, el uso de fuerzas de seguridad privadas, la criminalización de la protesta y las limitaciones técnicas de las comunidades para demostrar los daños que producen las cementeras sobre la salud y el ambiente.

En América Latina son numerosos los focos de conflicto, en su mayoría contra corporaciones cementeras internacionales. Las luchas se dirigen contra la quema de residuos en hornos, pero también contra las minas de superficie donde las empresas obtienen sus materias primas. Pobladores de Ciudad Bolívar, Usme y Tunjuelito en Colombia sostienen una enérgica lucha contra las actividades mineras de Holcim, Cemex y Fundación San Antonio. En 2010 las autoridades administrativas de Bogotá ordenaron la suspensión temporal de las actividades de estas tres empresas en Río Tunjuelos por reiteradas violaciones a normas ambientales [Rodríguez Maldonado, 2011]. Una situación similar se vive en Guatemala, donde 12 comunidades Maya Kaqchikeles resisten en San Juan Sacatepéquez la instalación de Cementos Progreso (ver mas adelante). En este caso se ha registrado una fuerte criminalización de la protesta y abiertas violaciones a la Convención 169 de la Organización Internacional del Trabajo (OIT) sobre derechos indígenas [Sunuc, 2011].

En México la lucha se concentra contra la cementera Apasco de Holcim, una compañía que el propio Ministerio de Ambiente y Recursos Naturales de México (SEMARNAT) ubicó en el cuarto lugar entre las compañías más contaminadoras del país, con una emisión de >5 millones de toneladas de CO_2 por año. Esta descarga solo es superada por Petróleos Mexicanos (PEMEX), Cementos de México (CEMEX) y Altos Hornos de México [AC-FOE, 2011]. En México la incineración de residuos para la producción de cemento en la planta de Apasco es acompañada por las actividades de una subsidiaria de Holcim, Ecoltec. Creada en 1993, sus actividades en la Municipalidad de Apaxco comenzaron hacia 1998. La planta se incorporó al corredor Tula-Tepeji-Apaxco ubicado entre los estados de Hidalgo y Mexico, una de las zonas más contaminadas del planeta, con 115 industrias. Ecoltec ya sufrió en 2004, 2007 y 2009 incidentes con la sustancia química acrilato [AC-FOE, 2011]. Al igual que en otros lugares afectados por la incineración de residuos peligrosos, los olores nauseabundos delatan la presencia de contaminantes de alto riesgo. Continúa asimismo, en Brasil, la lucha comunitaria contra la cementera Barroso del Holcim localizada en Minas Gerais [Nacif, 2009]. En Uruguay por su parte los vecinos de Minas luchan contra dos cementaras, una estatal (ANCAP) y la otra privada, que queman residuos peligrosos. FUNAM acompaña técnicamente su lucha. Los huevos de aves han sido utilizados como indicadores de la mayor deposición de dioxinas en proximidades de estas dos cementeras [IPEN *et al.* 2004].

Del 2 al 9 de mayo de 2011 comunidades campesinas, indígenas y urbanas de México, Guatemala, Colombia e incluso de Suiza, el país donde tiene su sede Holcim, protestaron contra los atropellos de la cementera [GAIA, 2011a].

En Argentina se registran protestas contra las actividades contaminantes de Holcim en Yocsina y Malagueño en la provincia de Córdoba, donde crece la resistencia vecinal contra la incineración de residuos peligrosos y ya hubo denuncias judiciales [FUNAM, 2001, 2004, 2011] y contra la cementera Loma Negra y su compañía de residuos peligrosos Recycomb en Olavarría, provincia de Buenos Aires [Minor, 2011].

El caso Holcim en Córdoba (Argentina)

En 1994 la cementera Minetti/Holderbank creó la empresa Ecoblend dedicada a la "*selección, recolección, transporte y disposición final de residuos industriales*" [Ricciutti & Cevasco, 2006] y en 1994-1995 inició la quema experimental de neumáticos y residuos plásticos en su planta de Yocsina, Córdoba. Tras descubrir que esas operaciones eran ilegales, pues no habían sido autorizadas por el Consejo Provincial del Ambiente, FUNAM denunció penalmente a la compañía en la Fiscalía Federal n° 3, a cargo de la Fiscal Graciela López de Filoñuk [FUNAM, 1995].

La falta de control riguroso con que operan estas empresas quedó demostrada en la planta Ecoblend del grupo Minetti/Holcim (Córdoba). A la planta llegaban para su quema paquetes precintados procedentes de fábricas de golosinas (chicles, chocolates) que eran colocados en depósito junto a residuos peligrosos. Parte de esos productos fueron retirados por niños que accedían al predio e incluso por operarios inescrupulosos que vendían las golosinas vencidas a pequeños negocios (2004). Los chicles y chocolates terminaron siendo consumidos en distintos establecimientos educativos, entre ellos la Escuela Manuel Belgrano de Malagueño. Tras investigar los hechos FUNAM presentó una denuncia penal contra la empresa Minetti/Holcim y Ecoblend en la Justicia Provincial de Córdoba [FUNAM, 2004].

Durante por lo menos dos años la planta Yocsina propiedad de Minetti/Holcim (Argentina), conocida como Planta Norte, descargó valores de dioxinas por encima de lo permitido. En 2009 el estudio realizado por SIQUA midió, en salida de chimenea, 0,152 ng/Nm^3 (corregido a gas seco y 10% de CO_2 de referencia) y en 2010 -también en salida de chimenea- 0,303 ng/Nm^3 (10% CO_2) [SIQUA, 2009, 2010]. Estos valores superaron en 52 y 203% respectivamente el nivel guía establecido por el Decreto 831/1993, reglamentario de la Ley nacional de Residuos Peligrosos 24051/1992.

Tales datos estaban contenidos en dos documentos que Holcim mantuvo en secreto, y a los que accedió FUNAM en 2011. Como actividad previa a la denuncia judicial decidimos darlos a conocer públicamente. Esto se hizo el 10 de julio de 2011 a través del programa de televisión ADN, conducido por Tomás Méndez, que se difunde por el canal 10 (aire) de los Servicios de Radio y Televisión de la Universidad Nacional de Córdoba (SRT). En ese programa participaron los vecinos, FUNAM (Raúl Montenegro) y GAIA (Eduardo Giesen). Veinte días después, el 30 de julio, volvimos a reiterar la denuncia también por el programa ADN. Ello generó un gran escándalo público y una amplia condena social [ADN, 2011].

La reacción de Holcim fue cerrar la Planta Norte el 30 de noviembre de 2012. Un comunicado de prensa distribuido por la empresa indicó entonces que el equipamiento de la planta, cuyas operaciones empezaron en 1963, *"no resulta compatible con los actuales estándares de productividad y eficiencia ambiental que aplica la sociedad"*. En ese mismo comunicado Holcim señaló: *"Hay que recordar que Holcim había recibido reclamos de parte de los pobladores por olores generados por esa planta, como también denuncias por parte de la entidad ecologista Funam por supuesta liberación de dioxinas (químicos contaminantes)"* (Agüero, 2013). Este éxito de los vecinos y FUNAM tuvo un gran impacto a nivel nacional e internacional. La nota publicada por *BWI Company Monitor*, de *Building and Wood Workers' International*, es un ejemplo de ese impacto [BWICM, 2011].

Cabe señalar que para Yocsina ya existían datos sobre sus posibles impactos acumulados. Bermudez *et al.* [2010] analizaron muestras de suelo tomadas cada 350 metros en un radio de 3,5 a 7,0 km alrededor de la planta Minetti/Holcin de Yocsina. En las muestras hallaron arsénico, bario, calcio, cerio, cobalto, cromo, cesio, cobre, europio, hierro, hafnio, lantano, lutecio, manganeso, sodio, níquel, plomo, rubidio, antimonio, escandio, samario, tantalio, terbio, torio, uranio, iterbio y zinc. Al comparar los valores obtenidos con los niveles guía del Decreto 831/1993, reglamentario de la Ley nacional de Residuos Peligrosos 24051, uno solo de los metales contemplados en la norma superó los estándares, el bario. Este metal –que midieron por absorción atómica- registró una media de 580 mg/kg, un mínimo 390 mg/kg y un maximo 803 mg/kg. Para uso residencial el decreto establece un nivel guía (máximo) de 500 mg/kg y para uso agrícola 750 mg/kg. La media medida (580 mg/kg) supera el nivel guía de bario para suelo de uso residencial y el máximo observado (pues el trabajo no indica todos los valores obtenidos) supera los niveles guía para suelo de uso residencial y agrícola. El cromo por su parte se encontraba por encima de los valores permitidos en la legislación de Canadá para salud ambiental y los tres usos considerados en esa norma, agrícola residencial e industrial. Los valores hallados de plomo fueron una media de 50,2 mg/kg, un mínimo de 37,7 mg/kg y un máximo de 91,5 mg/kg [Bermúdez *et al.*, 2010].

Empresas como Holcim –al igual que otras cementeras- destina importantes recursos económicos para maquillar de sustentables y legales sus actividades. En Argentina y como parte de esta estrategia las plantas de Holcim cuentan con certificaciones ISO 9.001:2000 e ISO 14.001:2004. La empresa también presenta informes bianuales de sustentabilidad siguiendo la guía G3 de la *Global Reporting Initiative* (GRI) [Minetti, 2009].

En el informe de sustentabilidad 2007-2008, por ejemplo, Holcim/ Minetti no analiza en ningún punto las descargas de dioxinas y furanos desde sus plantas de Malagueño, Yocsina, Capdeville y Puesto Viejo pese a haber quemado –según sus propios datos- 48.000 toneladas de residuos en 2007 y 54.400 toneladas en 2008 [Minetti, 2009]. Pero incluye al final del informe en papel, del cual se repartieron apenas 600 ejemplares, que fue impreso *"con materias primas extraídas de bosques de reforestación certificada"* y utilizó tintas *"clasificadas como sustancias no peligrosas (Unión Europea 67/548/CEE o 1999/45/CE)"*.

Esta cooptación de temas ambientalmente sensibles se complementa con prácticas clientelares pues las compañías actúan como fuentes informales de apoyo económico y ayuda comunitaria. Cementos Minetti por ejemplo opera desde el año 1987 una *"estrategia de involucramiento comunitario"* a través de la Fundación que lleva su nombre.

A partir del mes de agosto de 2011 Holcim, que mantenía el nombre de la empresa adquirida (Minetti) unificó su identidad corporativa bajo la denominación Holcim. Sin embargo, hasta septiembre de 2011 la fundación sostenida por esta empresa seguía manteniendo el nombre original Minetti.

Una de las características del trabajo clientelar consiste en asociar claramente la donación o aporte con el nombre de la empresa, lo que crea sutiles relaciones de compromiso. Se derraman así minúsculas contribuciones entre beneficiarios, los cuales –sumados- resultan insignificantes comparados con las ganancias corporativas y el costo no contabilizado de los daños producidos en la salud y el ambiente.

El siguiente párrafo, extraído del informe de sustentabilidad 2007-2008 de Cementos Minetti ejemplifica lo indicado: *"En el período* [dos años] *los proyectos PDL* [de desarrollo local] *implicaron una inversión de 973.882 pesos* [unos 284.000 U$S] *que impactaron en forma directa a 23.583 beneficiarios en las comunidades vecinas a los centros productivos de la empresa. Asimismo en el marco del 'Fondo Construir' se destinaron 167.177 pesos* [unos 49.000 U$S] *en donaciones de cemento para el desarrollo de infraestructura comunitaria y de proyectos, beneficiando a 77.923 personas"*. Entre los destinatarios de estas ayudas figuran *"escuelas, asociaciones, cooperadoras, clubes, ONGs, empresas, otras fundaciones empresarias, municipios, centros comunitarios, centros comunitarios, comedores comunitarios"*. Las cifras del derrame empresario totalizaron en este caso 166.500 dólares por año, cifra que contrasta dramáticamente con las cifras de ventas declaradas en ese mismo informe por la compañía, y que totalizaron más de 322 millones de dólares [Minetti, 2009]

Las cementeras suplen ocasionalmente la tradicional ausencia del Estado para satisfacer algunas demandas específicas, como la necesidad de materiales didácticos o el apoyo económico para fiestas populares. Alientan asimismo visitas escolares a las plantas. De este modo establecen vínculos de simpatía entre la empresa y los niños, y a través de ellos con sus familias. Agregan por lo tanto un cierto respaldo comunitario al previsible apoyo de la fuerza laboral (pues los obreros de las cementeras defienden su fuente de trabajo aún a costa de su propia salud). Recientemente, al hacerse público el malestar de los vecinos de Yocsina y las protestas de FUNAM por la contaminación del aire, la cementera encargó una encuesta a una consultora privada para conocer la opinión de los pobladores sobre las actividades de Minetti/Holcim y Ecoblend [Díaz, 2011].

El caso cementos progreso en San Juan Sacatepéquez (Guatemala)

Desde el año 2003 la empresa Cementos Progreso de Guatemala (CEMPRO) ha intentado imponer una actividad minera y la construcción de una planta cementera de grandes dimensiones en San Juan Sacatepéquez con el manifiesto apoyo del gobierno de ese país y la impune violación de la Convención 169 de Derechos Indígenas de la OIT. La tercera imposición es una ruta, necesaria para la cementera, que una su planta con la Ruta Panamericana. Esta última iniciativa es llevada adelante por el gobierno de Guatemala, pero con el apoyo económico (para un tramo de 14 kilómetros) de Cementos Progreso.

Desde el año 2003 hasta el 17 de enero de 2013 la empresa suiza Holcim tuvo un 20% del paquete de acciones de Cementos Progreso. Cemcal Progreso, la accionista mayoritaria de la cementera, adquirió en 2013 ese 20% de las acciones que tenía Holcim. Esto implica que durante 10 años la empresa suiza fue parte de las ilegalidades, ocultamiento de información y malas prácticas de la cementera. Es importante recordar que Holcim opera una planta en El Salvador – país vecino a Guatemala- fuertemente cuestionada porque quema residuos peligrosos, en particular llantas, plaguicidas e incluso PCBs. GAIA, a través de la participación de FUNAM (Raúl Montenegro) y Ecologistas en Acción de España (Carlos Arribas Ugarte), ha estado asesorando al Ministerio de Ambiente para fundamentar una eventual prohibición de la quema de residuos peligrosos en cementeras (septiembre de 2014).

En 2003 la empresa presentó ante el Ministerio de Energía y Minas (MEM) «*una solicitud para exploración* [minera] *en los municipios de San Juan Sacatepéquez, San Raymundo y San Martín Jilotepéque. El permiso (LEXR-820) se otorgó el 4 de agosto de 2005 y el 3 de abril de 2006 Cementos Progreso solicitó la licencia de la explotación que a partir de ese momento se llama 'San José Micensa' en la finca San José Ocaña, de San Juan Sacatepéquez*» [Rivera, 2013].

Pese al rechazo popular, Cementos Progreso compró varias propiedades para la instalación de la Planta San Gabriel: finca en San Juan Sacatepéquez (31 de agosto de 2007), finca en Santa Fé Ocaña (3 de septiembre de 2007), fracción de terreno en San Juan Sacatepéquez (3 de septiembre de 2007) y fracción de terreno en Aldea Loma Alta (23 de octubre de 2007) con un total sumado de 6,13 Km². La ahora llamada finca San Gabriel Buena Vista de

CEMPRO se ubica en las aldeas de Santa Fé Ocaña, Cruz Blanca, El Pilar I y II, San Antonio de las Trojes I y II y Los Pajoques [Illescas, 2014].

Es fundamental para las cementeras localizarse junto a las canteras productoras de materia prima. CEMPRO pretende construir la planta más grande de América Central -con una producción de 2.1 millones de toneladas de cemento al año- junto a canteras que generarían materia prima por más de 100 años [Rivera, 2013; Villatoro, 2011; El Periódico, 2005]. Pero el proyecto también incluía una obra vial, el «Anillo Regional». Lo que más necesita la empresa es la franja norte de ese Anillo, que «*coincidentemente* –señala Illescas- *inicia en la Planta San Gabriel en San Juan Sacatepéquez, pasa cerca de las licencias mineras de oro y plata de San José del Golfo y San Pedro Ayampuc (donde CEMPRO también es accionista) y culmina en Sanarate donde se encuentra la planta San Miguel, también de Cementos Progreso*» [Illescas, 2014].

Es importante señalar las oscuras relaciones entre poderosos grupos familiares (como Torrebiarte Novella); Cementos Progreso (cuyo presidente es José Miguel Torrebiarte Novella); la empresa Constructora Nacional (CONASA) perteneciente a CEMPRO, principal contratista de las obras públicas del gobierno; las presidencias de Oscar Gerber (2004-2008), Álvaro Colom (2008-2012) y Otto Pérez Molina (actual presidente); la Brigada Militar «*Héctor Alejandro Gramajo*», y comunitarios cooptados por la empresa [*cf.* Illesca, 2014].

El 17 de abril de 2007 Cementos Progreso obtuvo la licencia del derecho minero «*San José Mincesa*» mediante Resolución 00805 otorgada por el Ministerio de Energía y Minas, que la autorizaba a funcionar por 25 años. También obtuvo la licencia para construir la planta en 2007, cuando el Ministerio de Ambiente y Recursos Naturales le aprobó el correspondiente estudio de impacto ambiental (Resolución ECM/KC 185-2007-ECMK) [Rivera, 2013; Anaya, 2012a, 2012b]. Ese mismo año el Concejo Municipal de San Juan Sacatepéquez aprobó el proyecto basándose en las dos autorizaciones nacionales (2007).

El proyecto, que tenía previsto instalarse sobre un predio de 60 hectáreas en la flamante Finca San Gabriel Buena Vista, colinda con 12 comunidades indígenas pertenecientes al pueblo Maya Kaqchikel, incluidas Aldea Cruz Blanca; Caserío San Antonio Las Trojes I; Caserío San Antonio Las Trojes II; Caserío Pilar I; Caserío Pilar II; Aldea Comunidad de Ruiz; Caserío Asunción Chivoc; Aldea Lo de Ramos; Aldea Santa Fe Ocaña; Aldea Loma Alta; Caserío Los Pajoques; y Caserío Los Guamuches [Anaya, 2012a,

2012b]. Se consolida entonces el movimiento conocido «*de las 12 comunidades*», que sigue luchando contra la actividad minera de CEMPRO, la cementera San Gabriel y el Anillo Regional.

A San Juan Sacatepéquez se le conoce como el municipio de «Las Flores». En su territorio «*el pueblo Kaqchikel es uno de los mayores productores de flores, abastecen el mercado nacional y tienen una fuerte producción internacional. Además otra de las actividades económicas son los telares, la producción de muebles trabajados en madera y la agricultura*» [Rivera, 2013].

Las autorizaciones dadas por el gobierno en 2007 encendieron la justificada protesta social, que continúa agravándose desde entonces. El Relator Especial de Naciones Unidas sobre Derechos de los Indígenas, James Anaya, que visitó la zona de conflicto en 2011 resumió de este modo la situación:

«*Las principales alegaciones que han surgido respecto a este proyecto* [Cementos Progreso] *son las siguientes: ha habido una falta de consulta previa adecuada con las comunidades indígenas afectadas; existe una carencia de información completa e imparcial sobre los efectos en la salud y el ambiente que podría generar el proyecto; y se ha generado un ambiente de persecución, violencia y división interna de las comunidades a raíz de la aprobación de este proyecto, lo que supuestamente ha resultado en la muerte de al menos cuatro comunitarios y varios habitantes heridos con armas de fuego*» [Anaya, 2012a, 2012b].

El análisis de la documentación disponible, tanto los informes hechos por el Relator Especial de Naciones Unidas como las respuestas del gobierno de Guatemala (2011-2013), muestran claramente que el Estado no buscó consultar la opinión de las comunidades indígenas -en cuyo territorio ancestral se ubica el proyecto- sino imponer el proyecto cementero, incluso con el uso de la fuerza pública. Esta decisión política ilegal ha generado numerosas muertes, gran cantidad de heridos, atentados y conflictos incluso al interior de las comunidades.

El Estado de Guatemala «*implementa la militarización del territorio de San Juan Sacatepéquez como la única respuesta para garantizar los intereses económicos de la empresa. Buscando la desarticulación de la oposición y resistencia pacífica (…), la encarcelación de los principales lideres y lideresas comunitarias deja libre el camino para el funcionamiento de la empresa*» [Rivera, 2013; El Periódico, 2005].

Según el relator Especial de Naciones Unidas «*representantes de las comunidades afectadas solicitaron repetidamente al Concejo Municipal de San Juan Sacatepéquez que se realizara una consulta sobre el proyecto. El Concejo inicialmente accedió a realizar una consulta en abril de 2007* [15 de abril, luego pasada al 13 de abril], *sin embargo, posteriormente dicha autoridad revirtió su decisión previa* [27 de abril de 2007]. *Debido a lo anterior, miembros de las mismas comunidades convocaron a una 'consulta comunitaria' que se celebró en mayo de ese mismo año. Según la información recibida, la gran mayoría de las casi 9.000 personas que participaron en la consulta comunitaria se pronunciaron en contra de la instalación de la planta de cemento»* [Anaya, 2012a, 2012b].

Los vecinos organizados «*consiguieron el apoyo de la Asociación de Abogados Mayas, la Universidad de San Carlos y la Procuraduría de los Derechos Humanos (PDH), y el 13 de mayo, como estaba programado, se realizó la consulta comunitaria de buena fe en las 12 comunidades organizadas contra la empresa cementera. En la consulta participaron 8.940 personas, de las cuales 8.936 votaron en contra de la construcción de la cementera y 4 personas votaron a favor de su instalación. El 30 de mayo una marcha llevó el memorial con los resultados a la Municipalidad de San Juan Sacatepéquez. Más tarde con apoyo de la CONIC se entregaron a la Procuraduría de Derechos Humanos, el Congreso de la República y el Ministerio de Energía y Minas»* [Rivera, 2013].

La empresa y el gobierno de Guatemala decidieron desconocer los resultados de la consulta, al tiempo que continuaron violando abiertamente la Convención 169 de la OIT.

A finales del año 2007 se instala en San Juan Sacatepéquez la violencia como resultado de la las acciones autoritarias e ilegales de la empresa y del propio gobierno de Guatemala. El 11 de noviembre de 2007 es dinamitado el puente Chimenas en San Antonio Los Trojes, y en la aldea Santa Fé Ocaña 17 personas son detenidas. La espiral de violencia no deja de crecer mientras la obra de la cementera continúa. El gobierno criminaliza las protestas y se incentivan, desde la empresa y el Estado, conflictos entre vecinos, y entre vecinos y los trabajadores de la cementera. A partir de 2007 el gobierno persigue a quienes protestan pero tolera la acción de grupos violentos que operan a favor del proyecto. Entretanto, Cementos Progreso intensifica sus prácticas clientelares y promueve, directa e indirectamente, conflictos internos entre miembros de las comunidades indígenas. Se encarcela a líderes que se oponen a la cementera, se dictan condenas «ejemplares» desde la Justicia y el Estado comienza a militarizar la zona mediante sucesivas declaraciones de los llamados «Estados de Prevención», el más reciente en septiembre de 2014. La estrategia del gobierno frente al Relator Especial de Naciones Unidas (2011-2012) fue sostener que no puede haber consulta porque no hay posibilidad de diálogo (cuyo fracaso imputa a los dirigentes indígenas), y que la única fuente de violencia procede de las comunidades locales. Hasta el día de hoy esta situación de ilegalidad y de falsedad argumental se mantiene sin cambios.

En diciembre de 2009 la Corte de Constitucionalidad de Guatemala, ante la falta de consulta previa y las actuaciones del Concejo Municipal –objeto de litigio- produce una sentencia donde establece que el Estado «*tuvo el deber de consultar con las comunidades afectadas conforme a la normativa internacional*». La Corte consideró asimismo que «*el tipo de consulta popular realizada por las comunidades representaba la expresión de opinión*» sobre el proyecto pero consideró también que «*no cumplía con lo previsto en el Convenio 169*», dictaminando, por último, «*que el Estado debe facilitar un proceso de consulta que conlleve un proceso de diálogo y negociación con el fin de obtener un acuerdo entre las partes*» (*cf.* Anaya, 2012). Hasta la fecha (septiembre de 2014) la empresa continúa aceleradamente la construcción de la planta sin que el Estado haya cumplido lo dispuesto por la Corte.

En el marco del día nacional e internacional contra la desaparición forzada en Guatemala, el 30 de junio del 2012, «*las doce comunidades realizaron una de las mas grandes movilizaciones que se han presenciado en el territorio de San Juan Sacatepequez. Más de 18 mil personas del pueblo Kaqchikel, organizaciones campesinas e indígenas y organizaciones populares se sumaron para demandar al Estado y la Municipalidad el retiro inmediato de la Brigada Militar, el pleno respeto de la Consulta Comunitaria de Buena Fe y la cancelación de la licencia de exploración y explotación minera de la empresa Cementos Progreso*» [Rivera, 2013].

En su informe de junio de 2012, dirigido al gobierno de Guatemala, el Relator Especial del Alto Comisionado de Naciones Unidas sobre los Derechos Humanos, indicó que la empresa debe asegurar que sus actividades «*no sirvieran solamente para ganar el favor de las comunidades y su apoyo al proyecto*» [prácticas clientelares]. Sostiene asimismo: «*Es evidente que la aprobación del proyecto cementero en San Juan Sacatepéquez adoleció de un proceso de consulta adecuado conforme a los estándares internacionales aplicables lo cual generó un alto nivel de desconfianza en la población de las comunidades afectadas»* [Anaya, 2012a, 2012b].

Señala además que *«a pesar de que las consultas comunitarias auto convocadas, sin la presencia de instituciones competentes del gobierno, no corresponden a los procesos de consulta contemplados (...) por el Convenio 169, los resultados de dichas consultas comunitarias sí pueden tener significados determinantes»* (...) *«es aparente que el deber del Gobierno de consultar con los pueblos indígenas en este caso concreto se haya agotado, en vista de los resultados de la consulta popular auto convocada por las comunidades afectadas en que prevaleció el no al proyecto cementero (...)»*.

Dadas *«estas circunstancias, el gobierno debe proceder a evaluar si debería suspender, modificar o revocar la licencia para el proyecto y tomar una decisión al respecto. Puesto que un proceso de consulta tiene como fin la obtención de un acuerdo o consentimiento por la parte indígena sobre la forma en que pudiera desarrollarse la actividad propuesta que la puede afectar, es necesario cuestionar la viabilidad del proyecto si de hecho la parte indígena, por sus propios procesos de decisión, ha hecho claro que rehúsa otorgar su consentimiento»* [Anaya, 2012a, 2012b].

En la conclusión de su informe el relator Especial indica que *«el Gobierno y la empresa deberían considerar seriamente la posibilidad de no construir la fábrica de cemento ni realizar actividades de extracción de materiales de construcción en el municipio de San Juan Sacatepéquez»* [Anaya, 2012a, 2012b].

Finalmente y con total impunidad el 22 de mayo de 2013 el presidente Otto Pérez Molina y el ex Ministro de Comunicaciones, Alejandro Sinibaldi, inauguraron en Santo Domingo Xenacoj, en San Juan Sacatepéquez, los trabajos iniciales de la primera fase del Anillo Regional, y el 19 de julio de 2013 comenzó la construcción de la cementera.

A mediados de 2014 las 12 comunidades de San Juan Sacatepéquez piden a GAIA y CESTA Amigos de la Tierra la organización de un taller de formación técnica en Santa Fé Ocaña. FUNAM de Argentina (Raúl Montenegro) y Ecologistas en Acción (Carlos Arribas Ugarte), conjuntamente con Astrid Martínez de CESTA, viajan a Santa Fé Ocaña para escuchar los relatos de las comunidades y explicar los principales impactos ambientales y sociales de las cementeras. El encuentro, del que participaron Alcaldes Comunitarios y más de

300 integrantes de comunidades Kaqchikeles, se realizó el 19 de septiembre por la mañana en el salón comunitario.

Ese mismo día por la noche (19 de septiembre de 2014) y al día siguiente (20 de septiembre) se produjo una masacre en otra comunidad cercana, aldea Los Pajoques, donde murieron asesinadas 8 personas en el marco del conflicto por la cementera y el Anillo Regional. Repitiendo actuaciones anteriores, el 22 de septiembre el gobierno de Guatemala anunció un Estado de Prevención por 15 días, militarizando la zona en beneficio de Cementos Progreso [Illescas, 2014]. GAIA, CESTA Amigos de la Tierra, FUNAM y Ecologistas en Acción denunciaron nacional e internacionalmente la masacre, y compartieron los pedidos de las 12 comunidades:

«El respeto a los derechos humanos, indígenas, y ambientales de la población, la que en su mayoría se opone a la cementera y el proyecto de carretera; 2) la intervención inmediata del Sistema Nacional del Diálogo para la resolución del conflicto en una forma no impuesta; 3) una investigación profunda y objetiva de los hechos sucedidos en Los Pajoques; 4) la protección de la dirigencia de las comunidades en resistencia, la mayoría de las cuales no vive en Los Pajoques y no estuvieron involucrados en los hechos ocurridos, pero que ahora se encuentran bajo Estado de excepción; 5) el rechazo definitivo a la construcción de la cementera en este lugar, por la destrucción del ambiente que traerá consigo y en respuesta a los derechos que otorga el Convenio 169 a los pueblos indígenas» [12 Comunidades, 2014; GAIA, CESTA Amigos de la Tierra, FUNAM y Ecologistas en Acción, 2014].

Desde FUNAM, y en conjunto con GAIA, CESTA Amigos de la Tierra y Ecologistas en Acción, se está preparando una tarea de acompañamiento a las 12 comunidades para solicitar una nueva misión en San Juan Sacatepéquez del Alto Comisionado de Naciones Unidas sobre Derechos Humanos. De algún modo la visita del Relator Especial James Anaya (2011) y sus informes (2011-2012) anticiparon que si el gobierno de Guatemala y Cementos Progreso continuaban imponiendo la cementera y el Anillo Regional, en un abierto desconocimiento del rechazo comunitario a los proyectos, aumentaría la violencia. Esto ya ocurrió y todo indica que se agravará.

Hacia un movimiento regional y mundial de pobladores afectados

Los movimientos populares contra las cementeras que se instalan ilegalmente, y muy especialmente contra aquellas que incineran residuos peligrosos, son acompañados por GAIA, una organización no gubernamental, internacional, formada por la Alianza Global para Alternativas a la Incineración y la Alianza Global Anti Incineración. GAIA mantiene además una fuerte presencia en foros y negociaciones internacionales para erradicar la práctica de la incineración y asegurar el cumplimiento y actualización de la Convención de Estocolmo [GAIA, 2011b]. En Argentina y en coordinación con GAIA actúa en tanto la Coalición Ciudadana Anti Incineración, que agrupa a ONGs y movimientos populares de todo el país [CCCI, 2011]. También en otras naciones de la región existen movimientos similares, en su mayoría enfrentados a poderosos intereses económicos que no titubean en utilizar amenazas, presiones y hasta asesinar líderes sociales y ambientales.

Es por esta causa que FUNAM de Argentina, CESTA Amigos de la Tierra de El Salvador y Ecologistas en Acción de España, como parte de GAIA, están impulsando la unión no solo de instituciones, sino también de personas afectadas por las cementeras. El lanzamiento formal de esta convocatoria se produjo en la aldea de Santa Fé Ocaña, en San Juan Sacatepéquez, Guatemala, un sitio emblemático en la resistencia contra grandes corporaciones cementeras que dañan la salud y el ambiente.

Referencias:
AC-FOE. 2011. "*Holcim Apasco: power, smoke and death in Mexico*". En: "Holcim in Latin America: Case studies". Friends of the Earth International, Amsterdam, The Netherlands, pp. 23-27.
ADN. 2011. El programa de televisión ADN donde FUNAM difundió los documentos secretos de Holcim puede verse en Youtube: http://www.youtube.com/watch?v=XnmyJq5D1aY&feature=related
AFCP. 2011. "Asociación de Fabricantes de Cemento Portland". Buenos Aires, Argentina. Ver: http://www.afcp.org.ar
Agüero, F. 2011. "El último horno". Diario La Voz del Interior, Córdoba. Ver: http://www.lavoz.com.ar/ciudadanos/ultimo-horno
Anaya, J. 2012a. "Mandato del relator Especial sobre los derechos de los indígenas". Nota enviada por J. Anaya a Carlos Ramiro Martínez Alvarado, Representante Permanente de Guatemala ante la Oficina de las Naciones Unidas en Ginebra, Suiza, Referencia: AL Indigenous (2001-8) GTM 4/2012, 17 p.
Anaya, J. 2012b. "Case n° GTM 16/2011. Situación de las comunidades indígenas presuntamente afectadas por la propuesta construcción de una planta cementera en San Juan Sacatepéquez". Ver: http://www.ohchr.org/Documents/HRBodies/HRCouncil/RegularSession/Session21/A-HRC-21-47-Add3_ES.pdf
Bermúdez, G.M.A. *et al.* 2010. "*Heavy metal pollution in topsoils near a*

cement plant: the role of organic matter and distance to the source to predict total and ClH-extracted heavy metals concentration", Chemosphere, Vol. 78, pp. 375-381.

BWICM. 2011. "*Argentina: Holcim-Minetti Cement Company Releses Cancerous Dioxins*". BWI Company Monitor, Building and Wood Workers' International, 25 July 2011.

Ver: http://bit.ly/om3GK9

CII. 2011. "*Cement industry in India: trade perspectives*". Confederation of Indian Industry (CII), Newsletter, 40 p. Ver: http://newsletters.cii.in/newsletters/mailer/trade_talk/pdf/Cement%20 Industry%20in%20India-%20Trade%20Perspectives.pdf

CCCI. 2011. "Coalición Ciudadana Contra la Incineración". Página Web de la Coalición Ciudadana Contra la Incineración, Argentina, http:// noalaincineracion.org/

Díaz, A.G. 2011. Comunicación personal.

12 Comunidades. 2014. Información y posiciones de las 12 comunidades afectadas por el proyecto de Cementos Progreso y el Anillo Regional. Santa Fé Ocaña, San Juan Sacatequépez, Guatemala, 19 de septiembre de 2014.

El Periódico. 2005. Sección Estrategia y Negocios, Guatemala, 25 de enero de 2005. Citado por N. Rivera (2013).

FUNAM. 1995. "Denuncia penal contra la empresa Minetti-Holderbank presentada por la Fundación para la defensa del ambiente (FUNAM) en la Fiscalía Federal n° 3". FUNAM, 29 de septiembre de 1995, 3 p.

FUNAM. 2001. "Denuncia sobre falta de control público en horno rotativo de Minetti, incinerador de residuos peligrosos de CIVA de Villa Allende, incinerador de residuos peligrosos Vicarb de la empresa Atanor y otros". Presentación de FUNAM ante la Fiscalía Anticorrupción de la provincia de Córdoba, 20 de noviembre de 2001, Córdoba, 6 p.

FUNAM. 2004. "Presentación hecha ante el Fuero Penal de la Justicia Provincial de Córdoba. FUNAM solicita se investiguen las denuncias hechas por vecinos de Yocsina y Malagueño y por maestras de la Escuela Manuel Belgrano. Tanto los niños de la escuela como otros menores consumieron chiclets, chocolates y otras golosinas vencidas procedentes de la planta Ecoblend de Minetti". FUNAM, presentación hecha el 27 de julio de 2004 ante la Fiscalía del Distrito 5 Turno 3, a cargo de Hebe Flores, Córdoba, 12 p.

FUNAM. 2011. "*Holcim-Minetti Cement Company Releases Cancerous Dioxins. The Foundation for the Defense of the Environment (FUNAM) has published two reports conducted by Universidad Tecnológica Nacional that show that Holcim-Minetti released dioxins at levels higher than those allowed under the National Law on Hazardous Waste in 2009 and 2010*". FUNAM, Cordoba, July 10, 2011, 3 p.

GAIA. 2011a. "En México se realizó encuentro por la justicia ambiental y en repudio a Holcim". Global Alliance for Incinerator Alternatives & Global Anti-Incinerator Alliance, GAIA, 2 p. Ver: http://www.

no-burn.org/section.php?id=101

GAIA. 2011b. *"GAIA, Global Alliance for Incinerators Alternatives and Global Alliance Anti Incineration"*. GAIA Web Page, Philipines, ver: http://www.no-burn.org/

GAIA, CESTA Amigos de la Tierra, FUNAM y Ecologistas en Acción. 2014. Propuesta de formación de una unión de personas afectadas por las actividades de corporaciones cementeras. Santa Fé Ocaña, San Juan Sacatequépez, Guatemala, 19 de septiembre de 2014.

Giesen, E. 2011. Comunicación personal.

Gleis, N. 2003. *"Heavy metals in cement and concrete resulting from the incineration of wastes in cement kilns with regard to the legitimacy of waste utilisation"*. Forschungszentrum Karlsruhe in der Helmholtz-Gemeinschaft, Wissenschaftliche Berichte FZKA 6923, Umwelt Bundes Amt, Karlsruhe, 187 p.

Herrera, E.R. 2008. "Industria cementera, sólida a pesar de la crisis". Construcción Panamericana, Sirviendo al Mercado Latinoamericano desde 1972, Bogotá, 4 p. Ver: http://www.cpampa.com/web/cpa/tag/cemento/

Illescas, G. 2014. "Alianza de terror: PP-CEMPRO". Alba Movimientos. Ver: http://www.albamovimientos.org/2014/09/guatemala-periodismo-de-investigacion-alianza-de-terror-pp-cempro/

IPEN *et al.* 2004. "Contaminación de huevos de gallinas con dioxinas, PCBs y hexaclorobenceno cerca de plantas de cemento en Minas, Uruguay". Grupo de Trabajo sobre Dioxinas, PCBs y Residuos de la Secretaría de la Red Internacional para la Eliminación de COPs (IPEN), Redes-AT (Uruguay), Rap-Al (Uruguay) y Amika Association (República Checa), Uruguay, 24 p.

JAL. 2011. *"Executive Summary of proposed cement plant at Baga Village, Arki Tahsil, Solan District, Himachal Pradesh"*. Jaiprakash Associates Ltd., India, 7 p. Ver: http://www.ercindia.org/files/1%20Baga%20Cement%20plant.pdf

Karstensen, K.H. 2004. «*[Draft] Formation and release of POP's in the cement industry*". World Business Council for Sustainable Development (WBCSD), Cement Sustainability Initiative, SINTEF, 168 p. Ver: http://www.pops.int/documents/meetings/bat_bep/2nd_session/egb2_followup/DraftReport.pdf

Minetti. 2009. "Construyendo juntos. Informe de desarrollo sostenible 2007-2008". Cementos Minetti S.A., Córdoba, 59 p.

Minor, W. 2011. "Cáncer en Olavarría. La quema de combustibles alternativos en las empresas cementeras ¿Puede ser una de las causas del incremento desmedido de esta enfermedad?". La Voz de Olavarría, Olavarría, Provincia de Buenos Aires, 15 p. Ver: http://historiasdeolavarria.blogspot.com/2011/04/cancer-en-olavarria.html

Montague, P. 1992. *"Cement and kiln dust contain dioxins"*. Rachel's Hazardous Waste News n° 314, News and Resources for Environmental Justice, December 2, 1992, 3 p. Ver: http://www.ejnet.org/rachel/rhwn314a.htm

Montenegro, R.A. 1997. "Informe para los Vecinos del departamento Santa

Rosa, Provincia de Mendoza". Cátedra de Biología Evolutiva Humana, UNC, y FUNAM, 17 p.

Montenegro, R. 1999. "Introducción a la ecología urbana". Ed. Maestría GADU, Universidad Nacional del Comahue, Neuquén, 189 p.

Montenegro, R.A. 2004a. *"The Cocktail of Pollutants principle could help the explaining of complex health effects over large exposed populations"*. Abstracts, International Conference on Children's Health and Environment, London School of Hygiene and Tropical Medicine, University of London (Gran Bretaña), p. 14.

Montenegro, R. 2004b. "Informe sobre el impacto ambiental y sanitario de los hornos incineradores. El caso Villa Allende". Ed. Fundación para la defensa del ambiente (FUNAM) y Cátedra de Biología Evolutiva Humana, Córdoba, 27 p.

Montenegro, R.A. 2010. "Informe sobre los efectos de los plaguicidas en la salud humana y el ambiente. Necesidad de prohibir el uso de plaguicidas agropecuarios en áreas urbanas y periurbanas". Ed. FUNAM y Cátedra de Biología Evolutiva Humana, Córdoba, 58 p.

Montenegro, R.A. 2006. "Impacto sobre la salud y el ambiente de las empresas cementeras que incineran residuos". Taller Ecologista y FUNAM, Córdoba y Rosario, 59 p. Ver: http://www.cesta-foe.org.sv/areas-de-trabajo/Pubs/raul%20montenegro.pdf

Nacif, V. 2009. *"Holcim S.A.: brincando de Deus"*. Mimeo, Septiembre de 2009, 60 p. Ver: http://noalaincineracion.org/wpcontent/uploads/HOLCIM%20SA%20brincando%20de%20Deus.pdf

Rahmana, A.A. & M.M. Ibrahimb. 2010. *"Effect of cement particulate deposition on eco-physiological behaviors of some halophytes in the salt marshes of Red Sea, Saudi Arabia"*. 25th Meeting of Saudi Biological Society, King Fasel University, Saudi Biological Society, 11 May 2010, 2 p.

Ricciutti, R.R. & R.G. Cevasco. 2006. "Tecnología de hornos de cemento en la eliminación de residuos industriales". Desarrollo Sostenible, Buenos Aires, 7 p. Ver: http://www.dsostenible.com.ar/empresas/cedas/grupeminet.html

Rivera, N. 2013. "Cemento y promesas sin cumplir para los Mayas de Guatemala". Prensa Comunitaria, Comunitaria Press, Lunes 1 de Julio de 2013.
Ver: http://comunitariapress.blogspot.com.ar/2013/07/cemento-y-promesas-sin-cumplir-para-los.html

Rodríguez Maldonado, T. 2011. *"Holcim in Colombia: the case of the river Tunjuelo"*. En: "Holcim in Latin America: Case studies". Friends of the Earth International, Amsterdam, The Netherlands, pp. 19-22.

SIQUA. 2009. "Monitoreo Ambiental Programa de Combustibles y Materiales Alternativos (MA). Determinación de dioxinas y furanos. Cementos Minetti [Holcim], Planta Córdoba Norte, Córdoba". SIQUA, Servicios de Ingeniería Química y Ambiental, Facultad Regional Córdoba, Universidad Tecnológica Nacional, Córdoba, Informe M44, 25 p.

SIQUA. 2010. "Monitoreo Ambiental Programa de Combustibles y Materiales Alternativos (MA). Determinación de dioxinas y furanos. Cementos Minetti [Holcim], Planta Córdoba Norte, Córdoba". SIQUA, Servicios de Ingeniería Química y Ambiental, Facultad Regional Córdoba, Universidad Tecnológica Nacional, Córdoba, Informe M56, 26 p.

Sunuc, N.A. 2011. *"San Juan Sacatepequez, Guatemala: communities fighting cement mining"*. En: "Holcim in Latin America: Case studies". Friends of the Earth International, Amsterdam, The Netherlands, pp. 15- 18.

Villatoro, M. E. C. 2011. "Criminalización, control social y represión de las comunidades en resistencia de San Juan Sacatepéquez, Guatemala y sus luchas contra la cementera, 2006-2010". Universidad San Carlos, Escuela de Historia, Tesis, Guatemala, 350 p.

Ver: http://biblioteca.usac.edu.gt/tesis/14/14_0453.pdf

El impacto de la industria cementera en el medio ambiente y la salud: caso Holcim-Apaxco

Movimiento Ambientalista Pro-Salud Apaxco-Atotonilco

La industria del cemento dentro de los procesos productivos es de las más contaminantes en el mundo. Responsable de daños devastadores en el medio ambiente y la salud desde su origen hasta la actualidad, sobre todo en comunidades donde estas plantas están ubicadas. Arrasan con cerros para la extracción de los materiales necesarios para la elaboración del cemento, provocando erosión y gran deterioro del entorno, totalmente inutilizados para algún otro aprovechamiento.

Con respecto a flora y fauna, la agresión no es menos grave, porque la mayoría de la vegetación se encuentra enferma y con escaso desarrollo, algunas especies acaban exterminadas en su totalidad por no resistir el aire contaminado. También se aprecia desalojo de especies silvestres al modificarse las características de su hábitat, ya que estos grandes espacios son ocupados por canteras, caminos, instalaciones y almacenes.

Aún es posible observar en construcciones abandonadas, gruesas capas de polvo provocadas por esta empresa, algunas construcciones cercanas y más allá de 1000 metros presentan importantes cuarteaduras en techos, paredes y pisos por el uso excesivo de explosivos.

Con la sustitución de combustibles fósiles derivados del petróleo (gas y combustóleo) por combustibles alternos, residuos sólidos urbanos (RSU) y biomasa, el daño es ahora de mayor preocupación, ya que ocasionan algunos de ellos, gases de efecto invernadero con alto impacto en el calentamiento global (CO_2); las dioxinas, metales pesados, entre otros, responsables de diferentes tipos de cáncer, malformaciones congénitas, disrupción endocrina y gran cantidad de afecciones.

En nuestro país, el uso de combustibles alternos en fábricas de cemento se inicia en los años 90, en forma oficial con el convenio de la Cámara Nacional del Cemento, Cementos Cruz Azul y SEMARNAT (1996). Es el grupo Holcim quien va a la cabeza en esta práctica destructora, creando una empresa filial encargada de la producción de este combustible denominada Ecoltec (1993). En los últimos 3 años esta situación se agrava, ya que algunas cementeras como Cemex de Huichapan Hidalgo y Cruz Azul en Tepeaca Puebla, están incinerando residuos sólidos urbanos y biomasa con la pretensión de hacerlo extensivo a todos los grupos cementeros de México, ocasionando así mayor daño.

Cementos Apasco Empresa Mexicana se instala en nuestro municipio en 1928. Y al igual que en otras partes del mundo, se dio la liberación de polvo al medio ambiente, lo que perjudicaba a los habitantes de la región. Con el uso de combustibles alternos en la década de los 90, el daño fue mayor tanto para el ambiente como para las comunidades.

Desde la operación de Cementos Apasco, hubo resistencia de parte de algunos grupos en la comunidad por la liberación de polvo que ésta emitía. En 1976 se presentó un accidente por la explosión de un electrofiltro, que al no poder retener el polvo arrojado por la chimenea de más de 200 toneladas diarias, se distribuía a una distancia de más de 10 km. Lograron frenar esta contaminación después de cuatro meses cuando la autoridad estatal, por la presión que el pueblo ejercía, le impuso una multa diaria de $10 000, dándoles un plazo de 30 días para solucionar el problema, plazo no cumplido hasta 20 días después. Con la adecuación de electrofiltros, mejora de manera considerable las condiciones ambientales y obviamente la salud de los habitantes. Es de notar que para esa época la mayor parte de las acciones corresponde a capital extranjero (SUIZO).

En el año 2000 se difundió el rumor de que Holcim construiría su filial Ecoltec en nuestro municipio, con inmediato rechazo de algunos grupos de la comunidad, principalmente del de Jóvenes Emprendedores, quienes se dieron a la tarea de difundir los riesgos a que se expondría la población de permitir su instalación. Contaron con el apoyo de expertos y con la participación de Greenpeace México, pero desgraciadamente por amenazas de la autoridad municipal en turno, por presiones de la empresa y la pobre respuesta de la población, no se obtuvo éxito. Apaxco tiene una larga historia de cuadros de intoxicación aguda provocados por la empresa Ecoltec desde su operación en 2003.

El 21 de marzo de 2009, al realizar faenas de limpieza de un cárcamo, fallecen 11 campesinos en un lamentable accidente. Para los habitantes de la comunidad, Ecoltec es la responsable de este suceso, por la sospecha de verter sustancias tóxicas al Río Salado, que los campesinos utilizan para el riego de sus tierras. Además, un sobreviviente de este acontecimiento menciona que el olor emanado del cárcamo era igual al eliminado por esa empresa.

El 5 y 6 de mayo del mismo año se presenta un lamentable desastre ambiental por fuga de acrilato (según representantes de esta empresa), causando cuadros de intoxicación aguda en la población de varias comunidades vecinas de Apaxco, El Refugio, Vito, Texas y Atotonilco del Estado de Hidalgo, tales como: cefalea, náusea, mareo, vómito e incluso pérdida del conocimiento. Ante el cúmulo de accidentes provocados por esta planta y los daños en la salud, se decide un plantón permanente para impedir la entrada y salida de la materia prima, para que el producto terminado no sea llevado a incinerar a Holcim México. Por tal motivo, nace el Movimiento Ambientalista Pro-Salud Apaxco-Atotonilco, cuya consigna es el cierre definitivo de Ecoltec. Para conseguir este propósito se logró más de 10 000 firmas de los habitantes de colonias afectadas, así como varias denuncias de forma individual y colectiva el día 02 de septiembre de 2009, turnadas a la Procuraduría Federal de Protección al Ambiente (PROFEPA). Se recibió apoyo de varias organizaciones no gubernamentales como Greenpeace, Alianza Global para Alternativas a la Incineración (GAIA), Centro de Análisis y Acción sobre Tóxicos y sus Alternativas (CAATA), Fronteras Comunes, Amigos de la Tierra, Centro de Diagnóstico y Alternativas para Afectados por Tóxicos (CEDAAT), Grupo Verde Ecologista de Estados Unidos de América; de diarios a nivel regional como El Reloj y La Región, y nacional La Jornada, El Universal y Milenio; así como algunas estaciones de radio y televisión (Canal 40).

El 5 de febrero de 2010 se publica en el diario El Universal una entrevista a varias personalidades sobre el caso Ecoltec Fernando Bejarano Director de CAATA, Dr. Arturo de León Director de CEDAAT y catedrático de la UNAM, María Colín Asesora legal de Greenpeace y Benjamín Ruiz Loyola Investigador de la Facultad de Química de la UNAM, esté último refiere que el acrilato se utiliza como materia prima para hacer pinturas acrílicas (acrilato de metilo), tiene un olor "horrible que provoca náuseas y mareos" y la exposición a concentraciones altas y de forma prolongada, puede causar problemas en la sangre, riñones, tracto respiratorio y pulmones; la exposición a dosis pequeñas pero en forma constante, por lo menos durante un periodo de 10 años, puede ocasionar los daños ya mencionados. Refiere que las cementeras representan un riesgo importante para la salud y que los combustibles alternos que utilizan no son ecológicos y la quema de llantas tampoco es una solución alternativa.

El Centro de Diagnóstico y Alternativas para Afectados por Tóxicos (2010) publica estudio preliminar sobre casos de cación aguda y neurotoxicidad en el evento ocurrido el 5 y 6 de mayo de 2009 en la planta Ecoltec

Casos De Intoxicación Aguda

Se estudiaron 305 pacientes de los cuales 262 (86 %) presentaron manifestaciones de intoxicación aguda y 43 (14 %) no presentaron ninguna manifestación a pesar de la exposición. Las manifestaciones que presentaron fueron: dolor de cabeza, irritación de ojos y garganta, mareos y tos. Los casos graves presentaron pérdida del conocimiento en niños, mujeres embarazadas y ancianos.

Neurotoxicidad

Se estudiaron 35 niños en edad escolar (8 a 11 años) a quienes se les aplicó una prueba neuropsicológica llamada Neuropsi Atención y Memoria.

En la prueba de memoria el 100 % resulto afectado y de estos el 69 % fue severa. En atención el 46 % de ellos presenta alguna afección en esta función.

De 2009 a 2010 se logró dar un gran golpe a la industria cementera de la localidad. Sin embargo, ésta y las autoridades de los diferentes niveles de gobierno, apostaron al cansancio de nuestro movimiento dando evasivas a nuestras peticiones, que al no ser frenadas, tomaron acciones represivas en varias ocasiones con la participación de la Policía Estatal, Ministerial y Judicial de la zona. Y finalmente, de forma ilegal se produce un desalojo del campamento el 20 de febrero de 2012.

Es de notar que la autoridad municipal de Apaxco ha obstaculizado de forma importante las acciones de nuestro movimiento, sirviendo al beneficio del ahora Grupo Holcim México; principalmente la administración actual, quien demuestra sometimiento hacia la empresa y una desleal acción a sus representados.

El día 14 de marzo de 2013, Daniel Parra Ángeles firma un convenio de colaboración con Ecoltec para el acopio de llantas del municipio y llevarlas a Holcim para su incineración, argumentando que es una opción para no contaminar el medio ambiente. El 1º de abril de 2013, otro golpe más a nuestro pueblo, el Secretario del Medio Ambiente del Estado de México, Cruz Juvenal Roa Sánchez, 21 presidentes municipales del sur del Estado de México y un representante de Ecoltec, firman convenio de colaboración para la recolección de llantas de esos municipios y llevarlas a incinerar a la planta Holcim.

El pasado 14 de julio del 2015, Parra Ángeles declaró en el Diario Fuerza del Estado de México, que es un orgullo contar con empresas como Holcim y Tolteca en nuestra región, por el beneficio que estas proporcionan a la comunidad, sobre todo en la construcción de escuelas; y que además, por su "tecnología de punta" no contaminan. Lo que el ciudadano Parra Ángeles no declaró, es lo señalado por la Organización Mundial de la Salud en el 2011, donde pone al Municipio de Apaxco en el segundo lugar a nivel mundial con más contaminación atmosférica, causada por la industria de la región.

Nuestra lucha continúa, ahora con el apoyo de otras comunidades afectadas por la industria del cemento, que dio lugar a la formación de un frente denominado *Frente de Comunidades en Contra de la Incineración*, cuyas demandas de la primera reunión efectuada el día 29 y 30 de noviembre de 2013 en Atotonilco de Tula Hidalgo, fueron ¡NI UNA CEMENTERA MÁS!,, ¡LA NO INCINERACIÓN DE RESIDUOS EN LAS PLANTAS CEMENTERAS! y ¡REGULACIONES PARA ESTA INDUSTRIA SE BASEN EN UN ESTRICTO CONOCIMIENTO DE SUS IMPACTOS NEGATIVOS EN LAS COMUNIDADES DONDE ESTÁN INSTALADAS!

El día 7 y 8 de marzo de 2014 se efectúa la segunda reunión del frente en la Ciudad de Actopan Hidalgo, en donde se reafirman las conclusiones de la primera reunión y por una serie de amenazas a los compañeros del grupo de Santiago de Anaya, se concluyó ¡SI TOCAN A UNO, TOCAN A TODOS!

Encementando problemas: estudio de caso de co-incineración de residuos en la India

Dharmesh Shah, Global Alliance for Incinerator Alternatives-GAIA, India.

Shweta Narayan, Community Environmental Monitoring, India.

Se prevé que el uso de cemento, a nivel mundial, se incrementará en un 56% durante los próximos 15 años. Dicho incremento es una preocupación muy seria en cuanto a los efectos que causará al medio ambiente. La industria cementera mundial es una fuente significante de contaminación. Las emisiones de CO2 derivadas de la producción del cemento representan el 5% de emisiones antropogénicas de cemento a nivel global. Además la producción de cemento está ligada a severas emisiones de sustancias toxicas cómo mercurio, cadmio, barium, así como dioxinas y furanos.

Debido a las emisiones de gases de efecto invernadero que se deben a la industria cementera y su proyecto, han sido propuestas medidas con el fin de reducir dichas emisiones. Una medida presentada con mucha fuerza ha sido la co-incineración – el remplazo de combustibles convencionales, como el carbón, usado en el proceso de elaboración del cemento con desechos municipales y residuos peligrosos provenientes de diferentes procesos industriales

El impacto positivo de la co-incineración es cuestionable, ya que tiene un efecto negativo en el medio ambiente local y en las comunidades como resultado del incremento de las emisiones toxicas, lo cual ha sido detectado en diferentes países por algunos investigadores.

Siguiendo esta tendencia global, la India se ha unido a la práctica de la co-incineración con mucho entusiasmo pero con un carente punto de vista científico. Una investigación conjunta llevada a cabo por dos organizaciones de investigaciones ambientales establecidas en la India, acerca de los impactos de los desperdicios derivados de la co-incineración en plantas cementeras, arrojó que dicha práctica puede causar daños irreparables en la salud pública, así como al medio ambiente. Dicha conclusión está fundamentada en los hallazgos en pruebas de polvo tomadas a los alrededores de plantas cementeras localizadas en Tamil Nadu, Himachal Pradesh, Chhattisgarh y Gujarat.

Antecedentes

En el año 2010 la junta central de control de la contaminación hindú (CPCB) por sus siglas en inglés, publicó las "Guías de co-procesamiento en la industria del cemento/energía/acero" (CPCB, 2012), dichas guías aprobaron de manera oficial la co-incineración de residuos sólidos urbanos e industriales en las plantas cementeras. Está directriz otorgaría completa autorización a las plantas procesadoras de cemento en la India para incinerar un gran rango de desperdicios peligrosos derivados de la producción y del consumo.

Dicha iniciativa encaja en la tendencia global de la industria cementera de llevar a cabo la co-incineración en hornos de cemento. Los principales defensores de esta tendencia son la empresas cementeras lideradas por Holcim, Lafarge y Cemex en asociación con la Deutsche Gesellschaft für Internationale Zusammenarbeit (GIZ), Alemania. Los dos principales argumentos en favor de la co-incineración dados por este consorcio son:

a)El uso de combustible alternativo o de los residuos reduce la huella climática de la creciente industria cementera.

b)La transformación de desperdicios en cemento ofrece un arreglo, a corto plazo, hacia la creciente amenaza de desperdicios derivados de la producción y del consumo. Amenaza que enfrentan tanto las ciudades como las empresas.

La propuesta del CPCB en favor de la co-incineración, respaldada por GIZ en toda la Inida, está basada en los siguientes supuestos acerca de la producción y los métodos de disposición de los residuos en la India

Las operaciones existentes en las plantas cementeras no están contaminando

Subproductos tóxicos derivados de la quema de residuos serán destruidos a altas temperaturas en el horno

Las tecnologías actuales de monitoreo/incineración son lo suficientemente avanzadas para permitir la quema de residuos peligrosos sin carga contaminante adicional; y dicha tecnología será aplicada en donde la co-incineración sea permitida.

La infraestructura existente de monitoreo y cumplimiento de la ley son lo suficientemente robustas para detectar y enfrentar violaciones.

El supuesto más importante es que la CPCB había llevado a cabo diligencias para evaluar el estado existente de las plantas para poder llevar a cabo el proceso de quema de residuos peligrosos.

Historia de la contaminación de las plantas cementeras hindús

Las plantas cementeras hindús son famosas por lo contaminantes que son, incluso sin llevar a cabo la co-incineración de desperdicios. En una serie de muestras de polvo en el ambiente, recolectadas previos a la entrada en vigor de este proyecto en Himachal Pradesh y Tamil Nadu entre 2008 y 2010, fueron encontrados altos niveles de una fina partícula contaminante en combinación con metales pesados. Dichas muestras fueron tomadas a los alrededores de plantas que están usando combustible convencional cómo el carbón. Dichos hallazgos no solo probaron que las emisiones provenientes de las plantas cementeras que usan carbón son excesivas, sino que también resaltaron la pobreza en los mecanismos, los cuales permitían que dicha situación persistiera por años. Esto evidenció la deplorable situación en lo que al monitoreo de las plantas cementeras respecta, y también generó dudas acerca de la capacidad de las agencias regulatorias, en especial de la CPCB, de llevar a cabo un estricto monitoreo de las emisiones, lo cual fue garantizado durante la aprobación de la co-incineración de desperdicios (referirse a las guías de CPCB). Creando también, muchas dudas acerca de la debida diligencia llevadas a cabo por GIZ colaborando y recomendando la co-incineración de residuos en hornos de cemento hindú.

Más adelante una investigación preliminar acerca de la diligencia efectuada por CPCB antes de aprobar dichas prácticas, reveló que esta aprobación se baso en unas cuantas pruebas realizadas bajo un pobre rigor científico. El proceso no fue transparente ni inclusivo y se llevó a cabo sin buscar comentarios de la opinión pública o realizar una consulta en las comunidades localizadas a los alrededores de las plantas cementeras. Ensayos con los compuestos químicos más tóxicos y explosivos se realizaron a puerta cerrada y en algunos casos sin siquiera con conocimiento de los trabajadores y en ausencia de un plan en caso de accidentes.

La investigación:

La investigación acerca de las prácticas en las plantas cementeras tuvo como objetivo principal la verificación de las 3 aseveraciones hechas por la CPCB antes de conceder la aprobación de la co-incineración en las plantas cementeras.

1. Evaluar (valorar) la naturaleza de la contaminación proveniente de las plantas cementeras usando combustible convencional
2. Evaluar la efectividad de los mecanismos de monitoreo utilizados por las agencias de control del Estado en el lugar donde están las plantas.
3. Evaluar la capacidad de la CPACB para llevar a cabo el monitoreo y la regulación de la co-incineración de residuos peligrosos en las unidades de cemento a largo plazo.

Los hallazgos encontrados en previas muestras tomadas en Himachal Pradesh y Tamil Nadu entre 2008 y 2010 ya habían dado una idea del estado en el que se encontraban las cosas en lo que se refiere a regulación y monitoreo, pero era necesario ampliar el área de estudio con el fin de poder establecer una tendencia. Debido a que la co-incineración de residuos peligrosos había empezado a modo de prueba en algunas plantas, se realizaron esfuerzos con el fin de integrar a los trabajadores de las plantas y a las comunidades cerca de las mismas para dar a entender el impacto de la naturaleza de de dichas operaciones y el impacto de contaminación ambiental de las mismas.

Metodología para la recolección de información:

Las muestras de aire y otra información relacionada con las operaciones en las plantas cementeras fueron recolectadas en dos fases:

En la fase 1, las muestras de polvo presentes en el aire fueron tomadas de las inmediaciones de la planta. El equipo usado fue un aparato de bajo volumen de muestra de aire llamado el MiniVol[1].La mayoría de las muestras fueron tomadas de manera continua en un periodo de 24 hrs mientras otras fueron tomadas en periodos de 12 hrs, esto debido a limitaciones lógicas. Las muestras fueron enviadas para su análisis al Chester LabNet[2], laboratorio con base en Oregon, USA.

1 http://www.airmetrics.com/index.html
2 http://www.chesterlab.net/index.php

El laboratorio examinó las pruebas de Particulate Matter (PM$_{2.5}$) - *partículas pequeñas menores a 2.5 micrómetros (100veces más delgadas que un cabello humano) que se encuentran en el aire y están compuestas de compuestos orgánicos y metales pesados- N.T,* usando la técnica de gravimetría[3] y usando rayos X fluorescentes (XRF) técnica usada para detectar la presencia de metales pesados

Durante la fase 2 la información específica de las plantas y lo referente a las prácticas de la co-incineración, fueron recolectadas de acuerdo a los comités de la CPCB haciendo uso de la acta del derecho a la información, 2005.

Explicación (el porqué) de las muestras

La mayoría de los organismos estatales de control de la contaminación (pcb) carecen de equipo básico para el monitoreo de las emisiones de polvo, casi nunca realizan pruebas para la detección de metales pesados en el polvo del cemento, a pesar de que está científicamente documentado que el polvo del cemento contiene metales pesados[4] como antimonio, arsénico, bario, berilio, cadmio, cromo, plomo, mercurio, nickel, selenio, plata, talio y vandanio.

Debido a limitaciones en los recursos, la región donde se llevaron a cabo las pruebas se pudo sólo extender a dos estados más (además de Tamil Nadu y Himachal Pradesh) donde un total de 10 muestras fueron tomadas de los alrededores de diferentes plantas de cemento.

Gujarat (Kutch region) – Sanghi Cement and JayPee Cements

Chhattisgarh (Jamul and Aresmetta) – ACC Holcim and LaFarge India

Tamil Nadu (Trichy) – Dalmia Cements

Himachal Pradesh (Bagheri and Bir Palasi) – JayPee Cements and Asian Cements

Selección de los lugares en los diferentes estados y los existentes niveles de contaminación:

Un criterio importante para la selección de los lugares de la toma de muestras, fue la presencia de la comunidad en resistencia contra la contaminación causada por al plantas cementeras. Las cuatro

3 http://www.chesterlab.net/service.php#gra
4 http://www.epa.gov/osw/nonhaz/industrial/special/ckd/rtc/chap-3.pdf

regiones seleccionadas cuentan con una comunidad en lucha contra la contaminación o también trabajadores en lucha por mejores condiciones de trabajo en las plantas, algunas plantas están en procesos jurídicos por contaminar (Asher 2012)

Durante la interacción con miembros de la comunidad y con los trabajadores fue evidente que las plantas cementeras y las minas relacionadas, son una fuente importante de contaminación.

Testimonios recogidos, durante la recolección de muestras, revelan que el patrón de las emisiones provenientes de las plantas y de las minas están asociadas con problemas de salud (especialmente respiratorias y alimenticias) resultando en un fuerte impacto en implicaciones sociales de la degradación del medio ambiente.

Resumen de los resultados de las muestras recolectadas a traves de el sampleo de bajo volumen

Principalmente 10 muestras fueron recolectadas y analizadas de parámetros como el PM2.5 y metales pesados. Los resultados nos revelaron lo siguiente:

Resultados de PM2.5: Las 10 muestras se encuentran en violación de los estándares de corto plazo de 24 hrs en la India. En algunos casos los niveles excedieron hasta 6 o 7 veces a los estándares de la India. Debido a su diminuto tamaño, las PM2.5 se pueden albergar dentro de los pulmones causando enfermedades cardio-respiratorias, ineficiencia pulmonar, ataques de asma y a nivel cardiaco, ataques al corazón y arritmia de consecuencias graves (tal y cómo lo indica el alto ingreso a hospitales, salas de emergencias y ausentismo en escuelas y trabajo, además de restricciones en las actividades durante el día)

Resultados de manganeso: Los niveles de manganeso (una neurotoxina) en 9 de 10 muestras excedieron los niveles de exposición determinados por la U.S. EPA Reference Concentration (agencia de protección ambiental de los EU) de 0.05 µg/m3. Sin embargo, estos estándares de manganeso son indicados a exposiciones de largo plazo, 1 año. Estos resultados indican niveles insalubres de manganeso sólo se reflejan en el medio ambiente que generalmente prevalece en estos lugares. Está establecido que altas y continuas exposiciones al manganeso a través de inhalación, tiene efectos dañinos en el sistema central nervios

Resultados de Silicón: los niveles de Silicón encontrados en cada 7 de 10 muestras están en el rango de los 8.9 a 53.4 µg/m3. La forma más común del silicón en el medio ambiente es el dióxido de silicón (SiO2) o silica. En el medio ambiente natural, cristalinas formas de silica predominan sobre las no cristalinas.

De acuerdo con la oficina de evaluación de riesgos ambientales a la salud, con base en California (OEHHA), la inhalación de silica cristalina inicialmente causa irritación respiratoria e inflación en pulmones, y en altas exposiciones causa tos, respiración acortada y silicosis aguda.

Resultados de Plomo: Los niveles de plomo encontrados en 5 de cada 10 excedieron los estándares de la U.S. EPA que son de 0.15 ug/me. Estos estándares de plomo son para exposiciones a largo plazo (de 3 meses a un año). Estos resultados indican niveles insalubres de plomo solo si dichos resultados reflejan los niveles en el ambiente los cuales prevalecen en estos lugares. De acuerdo con pruebas adicionales hechas por expertos, sería necesario determinar un promedio a largo plazo de los niveles ambientales en dichas regiones.

El Plomo es una neurotoxina y los niños son especialmente vulnerables a sus efectos. Exposiciones a bajo niveles de plomo a una edad temprana tiene efectos directos sobre el aprendizaje, memoria y comportamiento. No se sabe algún efecto positivo por estar expuesto al plomo. (EPA, n/y)

Resultados del mercurio Los niveles de mercurio encontrados en 2 de cada 10 muestras exceden los estándares establecidos por la California OEHHA que es de 0.03 µg/m3.

Nos gustaría puntualizar que los niveles de mercurio encontrados en las 10 muestras son presumiblemente menores a los niveles reales de mercurio. Esto se debe a que el muestreo de aire filtrado es un método que es intrínsecamente incapaz de estimar de manera correcta los niveles de mercurio en el aire ya que el mercurio es predominantemente un gas el cual es imposible de retener en el filtro.

El mercurio es una neurotoxina. Exposiciones a altos niveles de mercurio pueden dañar el cerebro, corazón, riñones, pulmones y al sistema inmunológico en persona de cualquier edad. Ha sido demostrado que altos niveles de metilmercurio en el torrente sanguíneo de nonatos y en menores pueden dañar el desarrollo del sistema nervioso, haciendo que el niñ@ sea menos capaz de pensar y aprender.

Resultados de Nickel: Niveles de nickel encontrados en 2 de cada 10 muestras exceden los estándares de la California Annual Standard for Nickel de 0.014 µg/m3.

El nickel es un cancerígeno. Con base en estudios de epidemiologia humana, la organización mundial de la salud ha estimado que exposiciones a largo plazo a 0.025 microgramos de nickel por metro cúbico son asociadas con un exceso de 1:100,000 de riesgo de cáncer, y que ese riesgo es linealmente proporcional a la dosis (WHO, 2000)

Respuesta de CPSB y organismos estatales de control acerca de la co-incineración

En mayo de 2012 las demandas al derecho a la información fueron respondidas a través del CPCB y los organismos estatales, con el fin de entender la naturaleza y alcance de la práctica de co-incineración a lo largo del país. Hicimos las siguientes preguntas a las autoridades:

a) Una lista de todas las plantas cementeras con autorización para co-incinerar diferentes residuos durante sus procesos

b) Copias de las emisiones y los datos del cumplimiento de vigilancia de dichas plantas a partir del momento en que empezaron a hacer uso de la co-incineración a mayo del 2012

c) Una lista de todos los materiales que han sido aprobados por la junta de co-incineración incluyendo los nombres de las compañías donde estos residuos son originados.

Observaciones clave de las respuestas recibidas:

1. existen al menos 11 estados en el país donde se ha permitido al co-incineración de residuos en hornos de cemento ya sea a modo de prueba o de manera regular. Estos estados son Rajasthan, Himachal Pradesh, Tamil Nadu, Andhra Pradesh, Karnataka, Odisha, Madhya Pradesh, Chhattisgarh, Jharkhand, Gujarat and Maharashtra.

2. Al menos 39 plantas en el país (en estos 11 estados) están quemando una combinación de residuos peligrosos con otros en hornos de cemento ya sea a modo de prueba o de manera regular

3. La naturaleza de los residuos que están siendo co-incinerados pertenecen a las industrias automotrices, plantas de vagones de tren, refinerías, plantas químicas, plantas de proceso de

residuos municipales y peligrosos, plantas de pesticidas, industrias de bienes de consumo rápido, etc.

4. En ninguno de los 11 estados donde ya estaba permitida la co-incineración, no existía una metodología sistematizada para el registro de las emisiones, monitoreo, records y documentación

   a) 7 estados no pudieron dar los registros de alguna emisión/monitoreo ambiental

   b) 4 estados dieron algún tipo de información de emisiones de pruebas que se hicieron en el periodo de pruebas, pero acerca de la actividad diaria no pudieron dar información alguna

5. En algunos casos, la información obtenida durante los periodos de prueba mostraban niveles elevados de metales pesados cómo plomo, manganeso y cobre. Los niveles de dichos metales estaban por encima de los estándares de la US EPA. No se sabe que o cual acción fue tomada por las autoridades ante tal emisiones. Se torna difícil ejercer acción legal en este tipo de violaciones cuando no existen estándares nacionales.

6. A pesar de que al CPCB es la principal autoridad en cuanto monitoreo y almacenamiento de datos en lo referente a la co-incineración, en al menos 15 de 39 plantas donde se lleva a cabo la co-incineración, la CPCB ha admitido no tener conocimiento ni records de la cantidad de desperdicios que han sido incinerados o de la manera en cómo la co-incineración ha sido llevada a cabo.

Infraestructura estatal y central para el monitoreo de las industrias cementeras

Cuando al co-incineración fue aprobada por la CPCB surgieron un gran número de preocupaciones acerca de su impacto en la ecología de las comunidades cercanas a las plantas cementeras. Dichas preocupaciones fueron mitigadas por la CPCB y la GIZ alegando que la co-incineración de cemento era el método más seguro para disposición (triturado) de desperdicios y que la CPCB y los organismos gubernamentales para el control del medio ambiente eran lo suficientemente capaces de monitorear dichas actividades.

Dichas declaraciones no pudieron estar más alejadas de la realidad. Es evidente, debido a nuestros resultados y a las mismas organizaciones gubernamentales, que aunque la información que existe es mínima, en las plantas cementeras hay emisiones desreguladas. De dicho escenario surge la duda de: si las agencias no pueden regular las emisiones de una planta cementera regular, podrían ser capaces de hacerlo cuando la planta está incinerando desperdicios peligrosos.

En cuanto a las declaraciones de CPCB acerca de que las agencias regulatorias son capaces de monitorear las emisiones polvo de cemento o de la co-incineración son una vez más carentes de credibilidad.

Una RTI (agencia de investigación independiente) reveló que existen solo 10 laboratorios encargados del medio ambiente (Govt. / Public Sector Undertakings / Educational Institutes / State or Central Pollution Control Board) reconocidos por la CPCB bajo la sección 12 (1) b del Acta de protección del medio ambiente, 1986. (CPCB, 2013)

De estos 10 laboratorios, 2 son los laboratorios centrales de la CPCB ubicados en Dheliy Kalkota, 4 son Regional Laboratories de Maharashtra Pollution Control Board situados Pune, Nashik, Aurngabad y Nagpur, unoes el Central Laboratory de Punjab Pollution Control Board. Los tres laboratorios restantes son de instituciones educativas y de investigación.

Esto implica que exceptuando Maharashtra, 10 de los11 estados involucrados en la práctica de la co-incineración de residuos peligrosos en plantas cementeras, ya sea cómo prueba o de manera regular, no cuentan con algún laboratorio reconocido para el control de Contaminación. Esto es lo que hace que existan serias dudas acerca de la credibilidad del monitoreo de información generado por esos laboratorios, si es que están monitoreando las emisiones provenientes de las plantas cementeras.

Comparación de guias de co-incineración de la plantas cementeras hindu y Holcim-giz

En sus guías de co-procesos publicadas bajo el Holcim-GIZ Public Private Partnership varios principios son enlistados en lo que se refiere a la co-incineración de residuos (Holcim-GTZ,n/y). Estas "guías incluyen los principales requerimientos y principios para la co-incineración de residuos en hornos de cemento, incluyendo el cumplimiento con las leyes aplicables y regulaciones. En cuanto a los aspectos ambientales en la producción de cemento y AFR pre-procesamiento, situaciones operacionales, salud y seguridad, así cómo también la comunicación y la responsabilidad social empresarial.

Cuando la comparación de la situación es llevada cabo, el experimento de la co-incineración en la India falla a mucho de estos principios:

Principio 2 de las guías establece que "los criterios para combustibles tradicionales y materias primas deben ser definidos". Los estándares hindús de emisiones son muy pobres y apenas podrían alcanzar los retos que implica el sector del cemento, dejando a un lado la definición de criterios para los mismos. Por ejemplo, no existen estándares señalados en las leyes para las emisiones de metales pesados provenientes de las plantas cementeras hindús, y en ausencia de tales estándares es difícil asegurar un cumplimiento legal por parte de las empresas.

Principio 3 de las guías recomienda "Instalación de consejos consultivos a la comunidad" Ninguna de las plantas que había llevado a cabo pruebas de co-incineración había informado a las comunidades locales, continuando con la misma situación haciéndolas de manera regular. Accidentes de Incendio causados debido al mal resguardo de residuos registrados en los hornos de cemento, continúan sin ser investigados (TTI,2012).

Principio 5 de las guías establece que "el monitoreo de las emisiones es obligatorio". La información reunida por la RTI para esta investigación ha revelado que casi ninguna agencia estatal ha continuado monitoreando después de la aprobación de la co-incineración por la CPCB. Y si existe algún monitoreo llevado a cabo este fue lleva a cabo de manera irregular y sin tomar en cuenta las pruebas para metales pesados. Incluso la CPCB, que es la agencia nodal, no cuenta con la información completa acerca de las cantidades o el tipo de residuos que están siendo co-incinerados en al menos 15 plantas cementeras en el país.

Principio 13 de las guías establece que para un buen funcionamiento de la planta, esta requiere de una gerencia y planta laboral capacitada en el manejo y proceso de AFRs. Es bien sabido y además documentado el hecho de que en las plantas cementeras hindús se recluta mano de obra a destajo para la mayoría de los procesos. En Chhattisgarh los empleados de la planta ACC informaron al equipo que la compañía ha empleado más trabajadores por contratos que de planta y son los primeros quienes llevan a cabo todas las tareas peligrosas y de mayor riesgo. También nos informaron que a pesar de que la empresa estaba quemando residuos de manera regular, los trabajadores no tenían conocimiento de cómo hacerlo y tampoco habían sido capacitados en el manejo de dicho material.

OPINION CIENIFICA- **La co-incineración de residuos peligrosos en las plantas cementeras, causan daño a la salud pública y al medio ambiente**. Cualquier declaración a favor de la co-incineración de residuos peligrosos en plantas cementeras descansan en aseveraciones que requieren una mayor inspección. Por ejemplo la co-incineración de residuos peligrosos en las plantas cementeras es impulsada por la industria cementera bajo el argumento de que la materia prima para la producción de cemento contiene una gran afinidad para las sustancias toxicas, cómo dioxinas/furanos, resultando en bajas concentraciones de sustancias toxicas en emisiones:

Primero, en comparación con instalaciones de otra industria, los hornos de cemento emiten grandes volúmenes de gases (de 25,000a 200,000 metros cúbicos por hora, dependiendo del horno) Lo que hay que recalcar es el monto total de dioxinas/furanos y otras sustancias toxicas que las plantas emiten.

Segundo, a diferencia de otras sustancias toxicas, la incorporación en la cadena alimenticia, es la ruta para la ingesta humana de las dioxinas.

Muchos estudios recientes incluyendo el 'Draft Health Reassessment of Dioxin-Like Compounds, Mercury Study Report to Congress, and Risk Assessment Support to the Development of Technical Standards for Emissions from Combustion Units Burning Hazardous Wastes: Background Information Document' indican que puede haber un riesgo significativo por la exposición de diferentes medios (ej. otros que no sean directamente inhalación) El camino de la cadena alimenticia parece ser de especial importancia por bio-acumulativos contaminantes, los cuales pueden ser emitidos desde unidades peligrosas de combustión. En muchos casos los riesgos por exposición indirecta pueden constituir la mayor parte de riesgo por residuos peligrosos. [5]

Por lo tanto, las plantas cuyos alrededores existes tierras de cultivo y/o de ganado deberían ser consideradas cómo lugares NO-POSIBLES para la co-incineración de residuos peligrosos en plantas cementeras.

---

5 U.S. EPA (July 1998) "Human Health Risk Assessment Protocol for Hazardous Waste Combustion Facilities." http://www.epa.gov/earth1r6/6pd/rcra_c/protocol/volume_1/chpt1-hh.pdf

Conclusion del estudio:

Es muy evidente que las plantas cementeras en la India están pobremente reguladas y contaminan de manera muy importante, aun con el uso de combustibles convencionales cómo el carbón. El impacto que esto ocasiona en el medio ambiente y en la salud pública, es de un daño severo, y en ausencia de estándares estrictos y/o regulaciones, la industria ha tenido la oportunidad de operar en la impunidad.

Es muy claro, también, que las agencias reguladoras no cuentan con la capacidad adecuada para monitorear y controlar las emisiones provenientes de las plantas cementeras. Nuestras medidas regulatorias para las emisiones en el aire de las plantas cementeras no contemplan la orden de llevar a cabo pruebas para metales pesados. En dichas circunstancias la decisión de co-incinerar desperdicios peligrosos en las plantas cementeras es precipitada. Dicha decisión ha llevado a las autoridades a minimizar el número de diligencias científicas necesarias para el ejercicio de esta naturaleza.

Los residuos tanto municipales como industriales significan un gran problema que necesita ser atendido, pero soluciones cómo la co-incineración jamás lo resolverá. Se tiene que llevar a cabo una investigación acerca del rol de las agencias CPCB y GIZ sobre las diligencias que se llevaron a cabo para dar el visto bueno a la aprobación de la co-incineración. Por último, tomando en cuenta los registros en cuanto a contaminación ambiental y seguridad emanados de la industria cementera aunado con la pobre infraestructura con la que se cuenta, la co-incineración de residuos nunca podría ser segura.

Locations of Operational Cement Plants in India. 20.32

Lugares donde existen Plantas cementeras en la India

Referencias:

Asher, Manshi, (2012) "JAL Thermal Plant: The Dust Refuses to Settle", Infochange Environment, disponible en: http://infochangeindia. org/environment/features/jal-thermal-plant-the-dust-refuses-to-settle.html, consultado el 7 de octubre de 2014.

CPCB-Central Pollution Control Board, (2010) Guidelines on Co-Processing in Cement/Power/Steel Industry, Delhi: Ministry of Environment & Forests, Govt. of India, disponible en: http:// cpcb.nic.in/upload/Latest/Latest_51_Guidelines%20on%20 Co%E2%80%90processing%20in%20CementPowerSteel%20 pg15.pdf, consultado el 7 de octubre de 2014.

CPCB-Central Pollution Control Board, (2013) "List Of Environmental Laboratories Of Govt.", disponible en: http://cpcb.nic.in/13_ ListRecognizedEnvironmentalLaboratories.pdf, consultado el 7 de octubre de 2014.

EPA, (2014) "Mercury", United States Environmental Protection Agency, disponible en: http://www.epa.gov/hg/about.htm, consultado el 7 de octubre de 2014.

EPA (s/f) "Fact sheet. Final Revisions to the National Ambient Air Quality Standards for Lead", United States Environmental Protection Agency, disponible en: http://www.epa.gov/air/lead/ pdfs/20081015pbfactsheet.pdf, consultado el 7 de octubre de 2014.

Holcim and GTZ (n/y) "Summary Guidelines on Co-processing Waste Material in Cement Production", Zürich: The GTZ-Holcim Public Private Partnership, Holcim GTZ, disponible en: http://www. holcim.com/holcimcms/uploads/CORP/SummaryGuidelines2_ COPROCEM.pdf, consultada el 7 de octubre de 2014.

Sharma, Ambika, (2011) "Disease Stalks Villages Around Cement Plants. Pollution Board, JP and Ambuja Firms to Blame: Study", The Tribune Online, March 6 2011, Chandigarh, India, disponible en: http://www.tribuneindia.com/2011/20110307/himachal.htm#2, consultado el 7 de octubre de 2014.

TTI-The Times of India, (2012) "Fire at Cement Factory, 200 Tonnes of Waste Material Gutted", The Times of India, India, October 4 2012, disponible en: http://timesofindia.indiatimes.com/city/ coimbatore/Fire-at-cement-factory-200-tonnes-of-waste-material-gutted/articleshow/16662300.cms?referral=PM, consultada el 7 de octubre de 2014.

WHO Regional Office for Europe, (2000) Air Quality Guidelines-Second Edition, Copenhagen: WHO Regional Office for Europe, disponible en: http://www.euro.who.int/__data/assets/pdf_file/0014/123080/ AQG2ndEd_6_10Nickel.pdf, consultada el 7 de octubre de 2014.

Department of the Environment, Water, Heritage and the Arts (April 2008) "Emission estimation technique manual for Cement manufacturing Version 2.1" http://www.npi.gov.au/publications/emission-estimation- technique/pubs/cement.pdf PAGE

EPA (July 1998) "Human Health Risk Assessment Protocol for Hazardous Waste Combustion Facilities." http://www.epa.gov/earth1r6/6pd/ rcra_c/protocol/volume_1/chpt1-hh.pdf PAGE

La crisis de los desechos y las malas soluciones

Silvia Quiroa Yada

CESTA Amigos de la Tierra El Salvador

Los seres humanos desde su origen, han utilizado recursos de la tierra para sustentar la vida y por lo tanto también han tenido que disponer de los desechos, tal situación no representaba problemas significativos en el pasado, debido a que las ciudades, eran pequeñas y había suficiente espacio, tanto para producir los bienes como para disponer de los desechos. Además los desechos que se producían eran fácilmente degradados por la naturaleza y composición de los mismos. Sin embargo, esta situación ha cambiado significativamente, en tiempos actuales, los materiales que se utilizan y el procesamiento empleado en el proceso productivo para disponer de bienes de consumo, generan desechos que son muy difíciles de degradar. A esto hay que agregar que buena parte de los bienes producidos llevan incorporado un proceso de obsolescencia planificada, para que el consumidor pueda desecharlos rápidamente y proceda a adquirir nuevos bienes e incrementar las ganancias de las corporaciones que los producen. Todo esto ha generado grandes volúmenes de desechos de difícil procesamiento, lo que ha provocando serios problemas ambientales y de salud pública.

El problema de la gestión inadecuada de los desechos comienza con su percepción, los desechos son a menudo percibidos como desagradables, algo que da problemas y por lo tanto hay que botarlo lo más lejos posible. Esta concepción es la que ha limitado su eventual recuperación e imposibilitando su posterior aprovechamiento. Navarro[6] señala que en el mundo natural sin la presencia humana, todos los productos que se generan del procesamiento de insumos,

6 Propuesta a los alcaldes y alcaldesas de El Salvador, Políticas, estrategias y lineamientos para el manejo sustentable de los desechos sólidos, CESTA.

como frutos, hojas y ramas que produce un árbol, son siempre insumos para otros organismos como los insectos, los cuáles a su vez generan otros productos que se terminan convirtiendo en insumos de otros organismos como bacterias, que a su vez producen insumos que puede absorber el árbol y así se mantiene el ciclo de la vida. En el mundo donde interviene el ser humano, los productos, así como los bienes convertidos en desechos, muchas veces no se incorporan al ciclo de la vida sino que el ser humano los saca del ciclo, por ello los insumos escasean y los desechos se acumulan en alguna parte. Esto significa que los desechos son parte de un proceso natural conocido como el ciclo de la vida, pero cuando se sacan del ciclo y se amontonan en alguna parte se les llama basura y generan problemas a las personas y al ambiente,

La visión de deshacerse de la basura lo más pronto posible aún prevalece tanto en las personas que la generan, la sociedad en su conjunto, como en los que tienen la responsabilidad de gestionarla, ya sean las Municipalidades o el Gobierno Central a través del Ministerio del Ambiente y Recursos Naturales. En El Salvador el enfoque es reducido y vertical y se sintetiza en 3 momentos: 1) Generación etapa directamente relacionada con las actividades diarias y provienen de diferentes fuentes. 2) Recolección generalmente son las municipalidades las encargadas de efectuar la recolección de los desechos en cada uno de los puntos donde se generan. 3) Disposición final es la última etapa de la gestión de los desechos cuyo finalidad es su confinamiento bajo diferentes tecnologías como la incineración o los rellenos sanitarios, esta última es la más utilizada en el país, actualmente funcionan 14 rellenos sanitarios[7]. La recolección de desechos urbanos según el segundo censo de desechos sólidos es de 3,400 toneladas diarias, sin embargo, otros tipos de desechos como los desechos especiales y desechos peligrosos, son a menudo incinerados en los hornos de la empresa transnacional de origen suizo Holcim.

Holcim, es una de las mayores empresas productoras de cemento del mundo, la cual ha incrementado gradualmente su presencia en aproximadamente 16 países de América Latina, desde su existencia ha ocasionado un sin número de conflictos ambientales y sociales generados por la naturaleza de sus actividades. En El Salvador Holcim inicia sus operaciones en 1998 adquiriendo el primer 20% de las acciones de cementos de El Salvador CESSA, para el 2005

7 Programa nacional para el manejo integral de los desechos sólidos, 2010 MARN

se convierte en socio mayoritario con un 64% de las acciones de CESSA y para el 2010 logra incrementar su control sobre la cementera, llegando a un 92% de los títulos, permitiéndole así cambiar la denominación de la empresa y fortalecer su proyecto de expansión en Centroamérica[8].

Holcim se presenta como un empresa con excelente manejo ambiental en sus operaciones y justifica la forma como ha sustituido el carbón, el combustible más frecuentemente usado en los hornos de cemento, por materiales de desecho, como llantas usadas, residuos de la industria, lodos de drenaje y residuos tóxicos; actividad denominada como co-incineración o co-procesamiento.

Con el co-procesamiento de desechos que lo realiza desde el año 1998, en el marco de un Convenio avalado por el Ministerio, de Medio Ambiente y Recursos Naturales, recolecta aceites de desecho y les da disposición final en sus hornos, procesando un aproximado de unos 20,000 galones mensuales de aceites de desecho y alrededor de 50,000 galones mensuales de lodos de combustóleo (Bunker C) provenientes de plantas generadoras de energía. Adicionalmente se hace co-procesamiento de llantas, plásticos y otros desechos sólidos[9].

En el proceso de co-procesamiento, Holcim recibe todos los residuos urbanos, incluyendo los desechos peligrosos, los mezcla con cal y los incinera, solo que a este incinerador Holcim le llama precalcinador. Luego las cenizas resultantes de esta incineración las continúa mezclando con piedra caliza e incinerando hasta posteriormente producir el cemento. En este proceso HOLCIM sostiene que ellos logran evitar que desechos tóxicos peligrosos terminen en el ambiente, porque los han destruido en los hornos de alta temperatura de Holcim.

La ciencia nos enseña que la materia no se destruye sino que se transforma, esto significa que los tóxicos peligrosos que entran en los hornos de Holcim, después de la incineración terminan como otra mezcla de tóxicos, una parte en el aire que luego todos respiramos y la otra parte en el cemento de Holcim. La pregunta que debemos hacernos es ¿Podrá Holcim garantizar que esos tóxicos siempre se van a quedar en el cemento y nunca se van a salir y amenazar la salud y vida de las personas? ¿Qué pasa con el cemento de la pared de una

8 Documento incineración y contaminación, campaña no a la incineración, Ramirez, CESTA, 2013.
9 Diseño de rutas, recolección de desechos, COAMSS y CESSA.

casa cuando llueve y llueve? ¿Se saldrán los tóxicos? ¿Y con aquellos tanques de ferro cemento que se utilizan para almacenar agua, se podrá garantizar que los tóxicos no se van a salir y contaminar el agua que se distribuye como agua potable en las comunidades? ¿Y las tuberías de cemento que se utilizan para llevar agua a las ciudades, acaso no se saldrán los tóxicos peligrosos cuando las tuberías son sometidas al flujo de agua en forma permanente? ¿Y cuando la casa o la tubería de cemento o el tanque hay que demolerlo y botarlo, donde quedan los tóxicos peligrosos?. Estas son preguntas que Holcim está en la obligación de responder.

En discusiones con técnicos de Holcim ellos han manifestado que en las investigaciones realizadas por ellos nunca han detectado la liberación de tóxicos peligrosos, pero el problema es que la liberación no necesariamente ocurre en el corto plazo sino que podría ocurrir en el largo plazo, a medida el cemento se va deteriorando por la acción del sol y el agua. Un ejemplo ocurre con las carreteras modernas que son hechas con cemento. En pocos años las carreteras tienen que ser remodeladas porque el cemento se ha gastado y lo que al inicio se veía como una capa de varios centímetros queda reducida a una capa de pocos centímetros, entonces la pregunta es ¿Qué pasó con el resto del cemento? ¿Dónde terminó y donde terminaron también los tóxicos que allí estaban? ¿Desaparecieron por arte de magia? No requiere mucho conocimiento científico darse cuenta que los tóxicos terminan en el aire, luego en el suelo, quizás en la grama que después se come una vaca y posteriormente en productos lácteos que consumimos. Este proceso definitivamente afecta la salud de las personas.

En El Salvador, Geocyle (brazo "ambiental" de Holcim) con la cooperación y apoyo de diferentes alcaldías, ha co-procesado en los últimos 12 años 1.4 millones de llantas equivalentes a más de 14 mil toneladas métricas.[10] Solo en el año 2012 movilizó 400,000 llantas, la mayor parte de ellas colectadas en los centros de acopio y en puntos designados.[11]

Otro dato importante es que en el año 2010, se incineraron en sus hornos 92 barriles que contenían toxafeno, sustancia que fue abandonada por la MONSANTO por décadas, en el departamento de San Miguel. De esta operación no se dio cuenta la Alcaldía del lugar y menos la población.

---

10 Holcim. Comunicado de Prensa. http://www.holcim.com.sv/fileadmin/templates/SV/doc/Geocycle_ apoya_Campana_Nacional_contra_el_Dengue_25-Ago-2012.pdf
11 Responsabilidad social con las llantas. http://www.laprensagrafica.com/responsabilidad-social-con-las-llantas

Quemar basura para hacerla desaparecer siempre la ha mencionado Holcim como una solución mágica para el problema de los desechos, pero además de la falsedad de esta afirmación, tiene otro problema y es que sus hornos no están diseñados para la incineración de este tipo de desechos sino que de combustibles fósiles tradicionales.

En El Salvador, Holcim ha manejado una imagen pública como empresa eficiente, con una gran responsabilidad social empresarial y comprometida con el ambiente; ha mantenido una campaña agresiva para influir en las autoridades y esconder conflictos sociales y ambientales con un maquillaje verde. En la zona se ha ganado la voluntad de mucha gente al apoyar escuelas y proyectos de interés social que requieran bajas inversiones.

El clima de confianza social que impulsa le resulta rentable, ya que es una inversión estratégica, donde logra tener una buena reputación ante la sociedad y así legítima el poder de la compañía. Su preocupación no es tanto el bienestar de la población, sino que con la campaña de responsabilidad social empresarial, sino que posicionar su empresa de la mejor manera en el país y la región, con miras a poder lograr mayores beneficios económicos. Esto le permite extender sus operaciones en los otros países de la región, ya que la quema de desechos urbanos, incluyendo tóxicos peligrosos, parece ser que Holcim la está considerando como una operación natural en su proceso de producción de cemento y ya no como una operación que le generaba algo de riqueza adicional.

Con el apoyo de la red GAIA, que busca alternativas a la incineración, CESTA ha venido sensibilizando a los habitantes del municipio de Metapán, en Santa Ana, lugar donde se ubican la planta de producción de cemento, sobre los daños que ocasiona a la salud del ambiente y las personas este tipo de actividades. También CESTA está impulsando la campaña denominada "NO A LA INCINERACIÓN" que busca sensibilizar a la población a nivel nacional, sobre los impacto de la incineración y dar a conocer la falsedad de los argumentos presentados por la empresa.

En 2012 y 2013 se dio a conocer públicamente el alto número de fallecimientos por insuficiencia renal en la población de San Luis Talpa, una población que por años había recibido riegos de todo tipo de venenos para la producción de algodón y ahora continuaba con los riegos de veneno para la caña de azúcar. Esta zona fue tan contaminada que inclusive se abandonaron en una bodega en la localidad, toneladas de venenos provenientes de esa producción agrícola. A medida se fortaleció la discusión pública, el Ministerio del Medio Ambiente y Recursos Naturales, manifestó que iba a retirar los venenos de la bodega de San Luis talpa e incinerarlos en los hornos de Holcim. Gracias a la campaña de concientización que CESTA ha venido realizando sobre los problemas de incineración de este tipo de substancias, la población de Metapán y su Alcaldía manifestaron su descontento ante tal decisión gubernamental y decidieron que no iban a permitir ese proceso de incineración. Ante esta realidad el Ministerio del Medio Ambiente y Recursos Naturales se vio obligado a contratar los servicios de una empresa internacional que se va a encargar de llevarse los tóxicos a Polonia para darles allí un mejor tratamiento.

Para fortalecer su imagen empresarial en El Salvador, HOLCIM también hace convenios con las principales Universidades del país en el área de la ingeniería civil donde suministra recursos para que estudiosos de esa disciplina experimenten con diversos tipos de cemento y diseños estructurales.

También tiene un proceso permanente de análisis estratégico para el posicionamiento de su imagen, tratando de evitar posiciones demasiado conflictivas que pudieran generar daños a su presentación. Por ejemplo en Guatemala Holcim era propietaria de una parte de la cementera El Progreso, pero a medida las luchas contra esta empresa se fueron volviendo más fuertes, esta optó por vender sus acciones a los propietarios nacionales, al grado que los hechos de excesiva violencia que tuvieron lugar el mes de septiembre 2014 con el saldo de una docena de muertos, Holcim no aparece como involucrada sino que la empresa local, pero hay que recordar que esta empresa fue construida con la asesoría de ellos.

Lo que debe quedar como conclusión es que el incinerar los desechos es violatorio de los derechos humanos, en particular quemar tóxicos peligrosos, ya que con toda certeza se está afectando la salud de las personas y el ambiente.

Invadidos por cementeras y afectados por todos lados: ¿dónde queda la justicia ambiental?

Susanne Börner
Universidad Goethe

En México, muchas personas o comunidades todavía están afectadas de manera desproporcionada por los riesgos ambientales y además tienen poca oportunidad para participar en la toma de decisiones ambientales. La justicia ambiental implica el derecho a vivir en un medioambiente saludable y seguro, tener protección de amenazas ambientales, y poder participar en los procesos de planeación ambiental. Sin embargo, mucha gente todavía carece de este derecho. Además, cuestiones de la protección tanto del medio ambiente como de la salud humana ante la contaminación ambiental muchas veces se han convertido en una lucha de poderes estilo David y Goliath, donde los las comunidades más vulnerables que están afectadas por la contaminación pagan los costos socio-ambientales y se enfrentan a poderosos intereses económicos y políticos.

Durante mi trabajo de investigación de doctorado en la Universidad Goethe en Frankfurt en Alemania sobre casos de injusticia ambiental encontré el caso de Huichapan en Hidalgo, Mexico, que me llamó mucho la atención. Es un caso descarado de injusticia ambiental donde la incineración de residuos en la planta cementera CEMEX cerca de la comunidad de Maney ocasionó no solamente la contaminación ambiental de los alrededores, sino también tuvo un efecto extremadamente dañino en la salud de las comunidades cercanas. El caso de Huichapan occurrió como consecuencia del cierre del Bordo Poniente en Mexico en el 2011. El cierre provocó un problema logística de eliminación de la basura del Distrito Federal y como parte de la "solución" del problema, las autoridades pagaron a CEMEX para recibir una parte de los residuos y quemarlos como combustibles alternos en la planta cementera de Huichapan. Sin embargo, al enterarse de lo que estaba pasando, la comunidad local decidió no quedarse sin voz. A partir de Febrero de 2012, los residentes de la comunidad de Maney empezaron a organizarse en el movimiento Ciudadanos Unidos para el Medio Ambiente (CUMA) para enfrentar la practicar de la quema de basura, informar a la comunidad, y articular sus intereses de forma pacífica. Mantuvieron la lucha comunitaria durante más de un año y lograron que se abandonara la quema de residuos en la planta. Sin embargo, CEMEX no fue el perdedor en el conflicto, ya que disponía de otra planta cementera en Atotonilco, Hidalgo, y por lo mismo podía seguir quemando la basura en otro lugar.

Durante varias semanas, el caso de Huichapan ya no me soltó. Al investigar más sobre el tema, me di cuenta de que la quema de basura en plantas cementeras es un problema que todavía recibe poca atención en comparación con otros casos de injusticia ambiental, tal como el impacto socio-ambiental de las mineras. Sin embargo, es una problemática de la misma importancia. Por ende, las comunidades que están afectadas por esta práctica merecen la atención de todos en su lucha diaria para la justicia ambiental. Angustiada por la temática de las cementeras, aproveché una estancia en México este verano para ponerme en contacto con algunas personas que están brindando asesoría a las comunidades en México en su lucha contra la incineración de basura en plantas cementeras. Me invitaron a acompañarlos en un viaje por aquellos pueblos de Hidalgo que están invadidos por las cementeras para ver el impacto sobre las comunidades con mis propios ojos.

Durante el viaje por los pueblos de Huichapan, Santiago de Anaya y Atotonilco, me encontré con una realidad impresionante, que hasta ahora no ha recibido la atención que se merece. Son pueblos en los cuales las plantas cementeras ocasionan la destrucción del medio ambiente y de la salud humana, respaldada por las autoridades e impulsada por intereses económicos. Al mismo tiempo, las comunidades locales muchas veces no son beneficiarios de las ganancias, sino terminan siendo exclusivamente consignatarios de la carga ambiental. A Atotonilco se le llaman el "pueblo amurallado"; es en realidad un pueblo amurallado por cementeras y caleras. Un residente del pueblo indicó "*estamos afectados por todos lados, por todos lados*". Por lo mismo, me sorprendí mucho de ver que a pesar de toda la presencia de la industria cementera, el pueblo carece de calles pavimentadas y de infraestructura básica. De la misma manera, en la comunidad de Maney (Huichapan), la cual está ubicada al lado de la planta, los únicos servicios disponibles son el agua potable y la energía eléctrica. Sin embargo, no hay ni drenaje, ni banquetas, ni pavimento, ni teléfono. ¿Dónde queda entonces toda la riqueza económica generada por la industria cementera?

Las mismas comunidades ni siquiera benefician de las cementeras y de las plantas caleras en términos de trabajo, pese a las promesas de las empresas. Uno de los residentes de Atotonilco explicó: "*Es una zona muy rica en minerales y logística. Desafortunadamente se les da mucha oportunidad a las empresas de afianzarse, pero desgraciadamente la mano de obra no es para la comunidad, ni para el municipio. Son empresas que traen plantillas, obreros y ya vienen nada más a instalarlo. Desgraciadamente, desafortunadamente los empleos para la gente del municipio no los hay.*"

En las comunidades afectadas por la industria cementera se ha reportado además una incidencia de cáncer muy alta en las zonas residenciales que están ubicadas en la proximidad de las plantas. Sin embargo, la gente todavía recibe muy poca información sobre el impacto en la salud, ni por parte del gobierno, ni por parte de las plantas cementeras. En Huichapan, algunos de los residentes de Maney explicaron que la empresa que mantiene que "ellos *cumplieron con todas las normas, que no había mayor problema, pero aquí en la comunidad tenemos muchos casos ya de cáncer. Las últimas muertes han sido de cáncer. Es una comunidad que no presentaba este tipo de problemas anteriormente. Entonces acá hay un problema de salud que es real.*"

Otro impacto generado por las plantas cementeras es la destrucción de la vegetación local. En Santiago de Anaya, en la planta El Palmar, pudimos observar una reserva para especies rescatadas, construida por Cementos Fortaleza con el intento de salvaguardar la biodiversidad del lugar. Sin embargo, la reserva parece una pequeña una gota en medio del océano cuando se contempla el tamaño del impacto generado por la empresa. La pérdida de la biodiversidad es además solamente un problema ambiental de muchos que son generados por esa industria. Debido a que el proceso de producción de cemento está muy intensivo en agua, las plantas además desvían y monopolizan el agua en una región del país que ya sufre seriamente de la sequía durante una gran parte del año.

Si realmente las empresas no tuvieran nada que esconder, si estuvieran cumpliendo con todos los requerimientos, no tendrían por qué preocuparse. ¿Entonces por qué se aprovechan de la noche y de los días lluviosos para camuflar la contaminación que están generando durante sus procesos de producción? ¿Y por qué se niegan a proporcionar información transparente?

La lucha para la justicia ambiental en este contexto es una de las luchas de estilo David contra Goliath – una lucha de las comunidades afectadas contra las empresas cementeras y contra los poderosos intereses económicos atrás de ellas. Sin embargo, son los pequeños éxitos que cuentan. Éxitos como la organización de resistencias comunitarias en los pueblos afectados por las plantas cementeras contra las prácticas emprendidas por las plantas, haciendo frente a la impunidad, a la contra información por parte de las empresas y a la inaccesibilidad de las autoridades. Para lograr la justicia ambiental, es necesario que la gente tome conciencia de lo que está ocurriendo y que salga de la pasividad que ya ha ganado a muchos.

Las resistencias comunitarias en las comunidades de Huichapan y Atotonilco han demostrado que juntos las personas afectadas pueden tener una voz más fuerte. Es más difícil silenciar a un grupo de muchos que a uno solo. Aunque las diferentes resistencias fueron debilitadas por la falta de recursos, la contra información, la siembra de discordia por parte de las autoridades y la represión e intimidación por parte de las empresas, han logrado un paso importante en camino a la meta final: poner fin a la incineración de residuos y evitar que se instalen más cementeras en una región que ya está abrumada por el impacto de esas plantas. Seguramente el camino hacia un medio ambiente saludable para todos todavía es muy largo. No obstante, son los pequeños cambios que hacen la diferencia y que sumándose, podrán a hacer posible que finalmente se harán responsables a los contaminadores de sus impactos socio-ambientales para que todas las comunidades puedan vivir en un ambiento más justo y más sustentable.

Cemento y cambio climático

Magdalena Donoso; Alianza Global para Alternativas a la Incineración - Latinoamerica

Mariel Vilella – Zero Waste Europe

El cemento es el segundo producto más consumido en el mundo -después del agua- y por lo tanto uno de los mayores contribuyentes al cambio climático por la intensidad energética que requiere su proceso de producción. Pero aparentemente esta situación, lejos de despertar una fuerte conciencia y responsabilidad de la industria, la ha hecho caer en una soberbia y una seguidilla de malas decisiones de las que son víctimas directas cientos de comunidades de decenas de países en el mundo.

Centrando su política en reducir costos, la industria del cemento se ha centrado en substituir el combustible fósil tradicional necesario para el intensivo uso de energía que requiere, por residuos industriales, municipales, tóxicos, en la mayoría de los casos sin controles adecuados, pretendiendo que la combustión de estos materiales no genera emisiones ni es dañino para la salud. En segundo lugar, la industria del cemento ha sido parte activa en el desarrollo de los mercados de carbono tanto internacional como europeo, en los que ha conseguido una sobreasignación importante de permisos de emisión que le ha reportado importantes beneficios gratuitos sin haber tenido que ajustarse y reducir sus emisiones de forma real. Es muy reprochable que una industria gigantesca y poderosa no haya reducido tantas emisiones como proclama y que sus estrategias climáticas suponen un obstáculo para el desarrollo de políticas y proyectos verdaderamente sostenibles, más aun si consideramos que las cementeras están en lo formal comprometidas en reducir sus emisiones en el marco del Protocolo de Kioto. Lejos de ello, sus estrategias para conseguirlo están ocasionando graves impactos medioambientales, sociales y económicos.

El peso de la realidad

Los datos muestran el peso de la realidad: según datos de 2006, la producción de cemento ha contribuido con alrededor del 8% de las emisiones antropogénicas de CO_2, o el 6% del total mundial de emisiones de gases de efecto invernadero. Actualmente, se considera que la producción de una tonelada de cemento resulta aproximadamente en la emisión de 0'65 a 0'95 toneladas de CO_2, **(esto es equivalente a qué?)** dependiendo de la eficiencia del proceso, de los combustibles utilizados, y el tipo específico de cemento (la producción de cemento blanco tiene emisiones mayores). Estos últimos, los combustibles utilizados, son muy determinantes ya que la quema de estos para proporcionar energía para el proceso de fabricación del cemento genera emisiones directas (alrededor del 40% del CO2 emitido, ver recuadro).

(Recuadro) Fuentes De Emisiones Directas Del Proceso De Fabricación Del Cemento

Alrededor del 50% del CO_2 liberado durante la fabricación de cemento se debe a la calcinación en el que la piedra caliza ($CaCO_3$) se transforma en cal (CaO) en la siguiente reacción: $CaCO_3$ CaO + CO_2 →, liberando CO_2. Este proceso produce el clínker, un producto intermedio en el proceso de fabricación del cemento que finalmente se enfría y se muele hasta convertirse en cemento.

Alrededor del 40% del CO_2 emitido durante la fabricación de cemento es el resultado de la quema de combustible para proporcionar la energía térmica necesaria para que se produzca la calcinación. Hornos en los que la reacción ocurre se calienta a 1.450 ° C. La reacción requiere de 1.700 MJ / t, que no puede ser disminuido. Típicamente la energía en la industria del cemento representa el 30 a 50% de los costes de producción.

Un 5% de las emisiones de CO_2 son indirectos ya que son el resultado del uso de la electricidad para operar la planta. De acuerdo con la fuente de energía y la eficiencia en la que se utiliza en la mezcla de electricidad local, esta cifra puede variar desde menos de 1% a más del 10%.

Otro 5% de las emisiones de CO_2 son emitidas por las diversas necesidades derivadas de la minería de cantera y el transporte. [12]

12 WWF, *A blueprint for a climate friendly cement industry*, Diciembre 2008. Disponible aquí: http://tinyurl.com/d6t8bk4

Impactos a nivel medioambiental, social y económico

La incineración de residuos y de combustibles "alternativos" no solo no reducen las emisiones tóxicas y de GEI (especialmente si se utilizan como combustible residuos industriales peligrosos o determinados plásticos),[13] sino que en algunos casos las aumenta, como se ha podido comprobar con los Componentes Orgánicos Volátiles (COV) y el mercurio en los últimos años, con el uso creciente de residuos[14]. Esos contaminantes tienen graves repercusiones en la salud de las personas. Hay una extensa literatura científica que pone en evidencia la relación entre el aumento de la morbilidad y mortalidad por diversos tipos de cánceres y la cercanía a incineradoras de residuos. [15]

Además de todos los impactos descritos, uno aparece destacadamente la subversión que introduce en la jerarquía de tratamiento de los residuos, incluida en la Directiva Marco de Residuos de la UE,[16] que establece criterios claros para priorizar las diferentes opciones. Es evidente que, después de la prevención de residuos, la reutilización y el reciclaje son las opciones más beneficiosas para la gestión de residuos y la mitigación del cambio climático. Tirar a un horno todo lo que desechamos y usarlo como combustible no está en ninguna jerarquía existente.

Las fábricas de cemento no cuentan con medios para filtrar los metales pesados volátiles (mercurio, talio, cadmio, etc.) presentes en el coque de petróleo y en los residuos. El sector cementero es uno de los principales emisores de mercurio, por detrás de las centrales

---

13 La incineración de PVC produce dioxinas. La incineración de policarbonatos (Bisfenol A) produce fenol, que daña el sistema nervioso, la del polietileno produce 1-3 butadieno, benceno y tolueno todos ellos cancerígenos, la del poliestireno genera varios hidrcarburos aromáticos policíclicos (HAPs) como el benzopireno que es cancerígeno, la del poliuretano genera isocianatos un cancerígeno que afecta a las vías respiratorias, la de los neumáticos genera dioxinas y furanos, HAPs y 1-3 butadieno. Comunicación de Fernando Palacios, investigador del CSIC, en el IV Encuentro de la Coordinadora Estatal contra la incineración en cementeras, Altsasu noviembre de 2012 en www.airelimpio.org

14 La emisión de mercurio aumentó de 206 kg en 2009 a 320 kg en 2010. En el caso de los COVs el aumento fue de 174 t a 183 t. Sin duda el cambio de combustibles ha debido influir en esos aumentos de las emisiones, con una producción de clínker que disminuyó en un 2%. Hay que anotar que en no todas las fábricas de cemento se miden las emisiones de mercurio y por tanto no aparecen esos datos en el registro EPER. Las emisiones reales deben ser mucho mayores.

15 Mortalidad por cáncer en ciudades situadas en las proximidades de incineradoras y de instalaciones para la recuperación o eliminación de residuos peligrosos. Environment International 51 (2013) 31-44, J. García Pérez et al. Investigadores del Instituto de Salud Carlos III.

16 Directiva Marco de Residuos (2008/98/EC), Art. 4

térmicas de carbón. La mayoría de las fábricas cuentan con filtros de mangas, que solamente sirven para limitar las emisiones de materia particulada. El sector del cemento emitió en 2010 35.136 t de óxidos de nitrógeno, 4.833 t de óxido de azufre y numerosos contaminantes más, entre ellos 183 t de compuestos orgánicos volátiles COVs (entre ellos las peligrosas dioxinas, furanos y PCBs) y 320 kg de mercurio.[17]

Las cementeras hoy

En 1999, 10 empresas líderes en el sector del cemento crearon la Iniciativa por la Sostenibilidad del Cemento (CSI en inglés) bajo los auspicios del Consejo del Comercio Mundial para el Desarrollo Sostenible (WBCSD en inglés). Esta organización une hoy día a 24 compañías de cemento con operaciones en 100 países, que producen un tercio de la producción de cemento. Su principal misión es promover las estrategias medioambentales del sector y su hoja de ruta para reducir las emisiones el sector,[18] plantea las principales estrategias del sector, entre las que destacan la sustitución de combustibles fósiles por los llamados combustibles 'alternativos' (residuos de diversa índole y biomasa). Los graves impactos a la salud pública y al medioambiente que han ocasionado han llevado a una gran contestación social.

En **México** las comunidades de 4 Estados afectados por la industria cementera, alertados por los rumores que daban cuenta de la intención de usar residuos municipales como combustible, se articularon en el Frente de Comunidades contra la Incineración. El Frente ha manifestado su preocupación, haciendo "un llamado de alerta a los distintos movimientos, organizaciones, redes a nivel nacional e internacional, por la embestida que estamos sufriendo con toda la complicidad de las autoridades". En el pronunciamiento y en las acciones que le han seguido, las comunidades han insistido en que las regulaciones hacia esta industria son las más laxas y permisivas de toda la industria extractiva en el país, que los impactos en las comunidades van en aumento y se presentan en todas las etapas del proceso productivo. "Decidimos presentarnos como un frente de resistencia común, no solo contra la industria cementera, sino también contra la incineración que es la cara más visible de los daños ocasionados por esta industria", señala

---

17 Los datos de emisiones provienen del registro oficial de emisiones EPER: http://www.prtr-es.es
18 Cement Sustainability Initiative, Cement Technology Roadmap 2009. Disponible en: http://www.wbcsdcement.org/pdf/technology/WBCSD-IEA_Cement%20Roadmap.pdf

el Pronunciamiento. Entre sus demandas se encuentra **detener la construcción de nuevas plantas cementeras, regulaciones hechas en base a un exhaustivo conocmiento de sus impactos y la prohibición de incineración residuos en dichas** plantas.[19] El Viejo Continente no se queda atrás. En **Moncada**, Cataluña, un largo y desigual pleito con la industria de cementos Lafarge. Después de una larga y críptica tramitación administrativa la Generalitat concedía licencia ambiental a la cementera de Montcada el 29 de abril de 2008, adaptándola a la ley 3/98 diez años más tarde, y permitiendo a la cementera tener licencia para ejercer la actividad de fabricación de cemento, luego de una permanente negativa a facilitar información a las comunidades.

Pero el marco en que la Declaración de Impacto ambiental se realizó fue tan irregular, que fue finalmente posible revocarlo. Así, Lafarge se encuentra sin licencia para ejercer su actividad de fabricación de cemento, y sin licencia no puede ejercer la actividad. La lucha de la comunidad hoy es conseguir cierre de la planta de Lafarge en Montcada.

En **India**, las comunidades realizaron un un monitoreo a Lafarge, Holcim y Cemex, que en consorcio con la Agencia de Desarrollo Internacional de Alemania (GIZ), promocionan la co-incineración de residuos en cementeras para "reducir la huella de carbono de la industria y para dar salida a la gran cantidad de residuos que se generan." Todos los resultados de las muestras del estudio superaron en siete veces los estándares según la legislación de la India de presencia de PM2,5 y metales pesados[20]. En 2010 la Junta Central de Control de la Contaminación de la India (CPCB) publicó las "Directrices sobre Co-procesamiento en plantas de Cemento/Electricidad/Acero", que dio el "vamos" oficial a la coincineración de residuos industriales y municipales en las plantas de cemento. La Directiva permitió efectivamente incinerar una serie de residuos peligrosos, residuos de post-producción de la fabricación de una variedad de residuos, y residuos municipales de post-consumo, en plantas de cemento en toda la India.

---

19   http://www.no-burn.org/pronunciamiento-del-frente-de-comunidades-en-contra-de-la-incineracion-en-mexico
20   http://www.no-burn.org/downloads/ConcreteTroubles-GAIACementKilnreport.pdf

Lo que no consideraron, es que las plantas de cemento de la India han sido conocidos por contaminar incluso sin realizar la co-incineración de residuos. Una serie de muestras de polvo en el ambiente tomada en entre 2008 y 2010 en Himachal Pradesh y Tamil Nadu encontró altos niveles de contaminación de partículas finas y la contaminación de metales pesados tóxicos alrededor de las plantas utilizando combustibles convencionales como el carbón. Estos hallazgos no sólo demostraron que las emisiones de las plantas de cemento que usan carbón eran excesivos, pero también destacaron los pobres mecanismos de regulación, lo que dio lugar a que la situación se mantuviera así por años. Esto expone el mal pie en que se encuentra el país para dar un seguimiento regular en lo que a plantas de cemento se refiere y también planteó varias preguntas sobre la capacidad de los organismos reguladores, especialmente la CPCB para garantizar el estricto control de las emisiones que se aseguró. También plantea varias dudas sobre la debida diligencia realizada por la GIZ antes de colaborar y recomendar la coincineración de residuos en hornos de cemento de la India.

Las crisis provocadas por los proyectos de construcción de cementeras continúa. Una de las expresiones más dramáticas de la tensión social que provocan en dicha región es el reciente drama ocurrido en Guatemala. A mediados de septiembre pasado, en la comunidad de El Pajoques del municipio de San Juan de Sacatepéquez, zona asediada por un proyecto de instalación de una cementera al margen de la ley, al menos 7 personas murieron, tras inculpar a organizaciones defensoras del territorio sin investigar en profundidad el patrón de acciones provocadoras. La denuncia fue formulada por tres organizaciones que integran la coalición global GAIA, que ha expresado su solidaridad con las comunidades que enfrentan los riesgos sanitarios y ambientales de la cementera. En la zona, desde hace años las 12 comunidades organizadas de San Juan Sacatepéquez sufren la persecución, arrestos y criminalización de sus luchas por defender la vida y el territorio ante la amenaza de la instalación de la planta de cemento "San Gabriel" de "Cementos Progreso" que proyecta ser la más grande de América Central. En la zona está contemplado construir la cementera más grande de Centroamérica, mientras que las comunidades han demandado desde los inicios de esta propuesta el respeto a los derechos humanos, indígenas, y ambientales de la población, la que en su mayoría se opone a la cementera y el proyecto de carretera asociado. Asimismo, desde los inicios de la propuesta han demandado el rechazo definitivo a la construcción de la cementera en este lugar, por la destrucción del ambiente que traerá consigo y en respuesta a los derechos que otorga el Convenio 169 a los pueblos indígenas.

Pequeños países como **El Salvador** no están exentos de problemas. Allí, la transnacional suiza Holcim, adquirió en 1998 acciones de la empresa CESSA (Cementos de El Salvador SA). Desde ésa época, las actividades de la empresa han ocasionado un aumento de conflictividad debido a sus actividades de producción extractiva minera, contaminación por la incineración o co-procesamiento de desechos peligrosos, como agroquímicos y desechos sólidos como llantas y otros. Según datos del Banco Central de Reserva de El Salvador (BCR) en 2012 se compró 12,933 toneladas de llantas usadas. En los últimos 12 años 1.4 millones de llantas equivalentes a más de 14 mil toneladas métricas han sido incineradas en el país a través de la empresa hija de Holcim, Geocycle El Salvador, "brazo ambiental" de esta y con el apoyo también de varias alcaldías. Siguiendo estos lineamientos, ha desarrollado su programa de co-procesamiento en el cual se aprovechan las características técnicas de los hornos de producción de clinker para disponer los desechos, dando un servicio a la sociedad.

Organizaciones ciudadanas de El Salvador, lideradas por Amigos de la Tierra El Salvador-CESTA, han desarrollado enérgicas campañas tendientes a denunciar estas situaciones así como la inexistencia de políticas que atiendan el problema. Actualmente, más allá de la quema de llantas, Amigos de la Tierra El Salvador (CESTA) junto con otras organizaciones ha logrado detener la incineración de tóxicos en los hornos de Cemento de Holcim como consecuencia del trabajo de denuncia. En 2014 se detuvo la incineración de 19 toneladas de tóxicos, 6 de Toxafeno, 12 de Sponto y 1 de Paratión metílico. El esfuerzo continúa y se espera concrete con la prohibición definitiva de desechos sólidos peligrosos a través de un decreto legislativo.[21]

Combustible fósil versus "alternativos"

La sustitución del combustible fósil por los llamados combustibles 'alternativos' consiste en disminuir el uso de coque de petróleo, combustible usual, por residuos y/o biomasa.

Los combustibles 'alternativos' utilizados por la industria del cemento son residuos sólidos industriales y urbanos, Combustible Derivado de Residuos (CDR), neumáticos, aceites usados y disolventes, plásticos, textiles y papel residuos, biomasa, y su uso va en franco aumento. En 2006 las empresas de la ISC incineraron 13 millones de toneladas de residuos, lo que equivale a un aumento del 10-15% anual de los volúmenes absolutos de 2000 a 2006. Según el informe del sector,[22]

---

21   http://ejatlas.org/conflict/holcim-incineracion-y-desechos-solidos-el-salvador
22 Cement Sustainability Initiative, Cement Industry Energy and CO2

el 80% de estos volúmenes son de combustible fósil alternativo en la región de países del Anexo 1 al 60% fósil y el 40% de la biomasa en la región de no-Anexo 1.

El sector del cemento justifica el uso de residuos y/o biomasa como combustibles por dos principales razones: en primer lugar, aduce que estos combustibles implican menos emisiones de gases de efecto invernadero puesto que su balance de carbono liberado se considera neutro; en segundo lugar, añaden que de no ser utilizados en el proceso de combustión del cemento, estos residuos necesitarían más combustibles fósiles para ser incinerados o bien estarían creando metano en un vertedero (en el caso de residuos biodegradables), de manera que utilizar residuos para hacer cemento evita el enterramiento de residuos.

La industria del cemento está elaborando un lavado de cara verde para disfrazar los principales motivos por los que se está reposicionando en el mercado como incineradora de residuos, que poco tienen que ver con temas medioambientales sino más bien obedecen a sus intereses económicas. En realidad, la incineración de residuos en cementeras es una actividad medioambientalmente nociva con peores consecuencias para la salud pública y que no reduce las emisiones como se pretende defender.

¿Y las alternativas sostenibles?

Reducir, reutilizar y reciclar los residuos urbanos son formas eficaces y de gran impacto en relación a la reducción de gases de efecto invernadero (GEI).[23] El reciclaje de materiales ofrece a la industria una fuente alternativa de materias primas. Así, el reciclaje se traduce en una menor demanda de materiales vírgenes cuya extracción, transporte y procesamiento son una fuente importante de emisiones de gases de efecto invernadero. El reciclaje reduce así las emisiones en casi todas las industrias extractivas: minería, la silvicultura, la agricultura y la extracción de petróleo.

Performance "Getting the Numbers Right", 2009. En: http://www. wbcsdcement.org/pdf/CSI%20GNR%20Report%20final_updated%20 Nov11_LR.pdf
23 US EPA, Solid Waste Management And Greenhouse Gases: A Life-Cycle Assessment Of Emissions And Sinks, 3rd Edition. 2006.

Asimismo, se ahorra energía adicional (y las emisiones asociadas) de los procesos de fabricación, puesto que los materiales reciclados generalmente requieren menos energía para ser convertidos en productos.[24] De este modo, el reciclaje puede ahorrar de tres a cinco veces más energía de la que consigue capturar la incineración.[25] Esto es particularmente notable en los productos tales como el aluminio, en donde la energía directa requerida para reciclar es 88% menor que la requerida para producir aluminio primario. [26]

El reciclaje de papel y productos de madera tiene un doble impacto notable. No sólo reduce la demanda de fibra de madera virgen, reduciendo así las emisiones derivadas de la deforestación, sino que también preserva la capacidad de los bosques para continuar actuando como sumideros de carbono (eliminando el carbono de la atmósfera).

Entonces, ¿por qué quemar neumáticos usados si el caucho se puede triturar y separar la banda de acero y utilizarlos como aglomerante asfáltico en carreteras y suelos, y reciclar el acero? ¿Por qué quemar lodos de depuradora que pueden utilizarse como enmienda orgánica en cultivos y restauración de suelos degradados? ¿Por qué quemar fracciones de RSU que de otra forma podrían reciclarse y utilizarse como nuevas materias primas?

Pues la motivación es económica: el coque de petróleo es el combustible usado de forma mayoritaria en el proceso de producción del cemento, un producto casi residual obtenido en la destilación del petróleo y que contiene una gran cantidad de metales pesados (mercurio, níquel). Su precio ha aumentado de precio de forma importante en los últimos años, por estar indexado al del carbón. Como se mencionaba anteriormente, los combustibles fósiles representan entre un 30-50% de los costes totales de la producción de cemento.

Los beneficios económicos para las cementeras de resituarse como industrias gestora de residuos son de tres tipos: en primer lugar, las

24 IPCC, 2006 IPCC Guidelines for National Greenhouse Gas Inventories. Waste Generation, Composition, and Management Data, Ch. 2, 2006.
25 J. Morris, "Comparative LCAs for Curbside Recycling, Versus Either Landfilling or Incineration With Energy Recovery." International Journal of Life Cycle Assessment, 2005.
26 M. Schlesinger, Aluminum Recycling, CRC Press, 2006.

cementeras reciben subvenciones y ayudas de la Administración por gestionar residuos sólidos municipales. Aunque varían los montos según el país donde se practique, en todos los casos el nuevo combustible puede conseguirse gratis o incluso les puede reportar beneficios.[27] En segundo lugar, obviamente se ahorran el coste creciente del coque de petróleo.

Aunque la oposición social prevista a la incineración en las cementeras es menor que la construcción de nuevas incineradoras, dado que son instalaciones existentes con un cierto grado de integración y aceptación, la conciencia ciudadana es creciente y pone en jaque día a día a las compañías cementeras y sus lamentables prácticas.

27 Las cementeras podrían obtener hasta 20 € por t de CDR. La puerta de atrás de la incineración de residuos, Greenpeace mayo 2012, pág 39.

The UNsustainable nature of HOLCIM

Valeria Nacif
Organização de Desenvolvimento Sustentável e Comunitário,
ODESC

Transparency should be welcome in the world of cement plants. This is probably the last important bastion for the planet Earth where transparency hasn't had its turn. Taking into consideration that cement is in second place the most consumed product in the world, losing only to water. Neither the banking lobby or the oil lobby could afford to maintain the state of things hidden for so long. So it's at least intriguing that the world of cement plants has managed this achievement in the 21st century. I wonder how a transnational with 1700 companies around the world, as is the case of the Swiss Holcim Transnational, is for one or other reason never mentioned in an important global newspaper. There is no well-known journalist interested or specialized in this subject. Since we can't live without water and cement, you would expect cement to gain more attention. That is why it is necessary to not shut up, even when most people who are called upon to participate always prefer, without explaining, to shut up. The success of this silence has above all to do with the form of industrial marketing used by Holcim since 1991. At that time Holcim was one of the largest sponsors of the creation of the Earth Conference in Rio de Janeiro. Stephan Schmidheiny was chosen as the representative of the cement group. But Stephan Schmidheiny is the main sponsor of the well-known WBCSD (World Business Council for Sustainable Development), which was founded by the same, to defend the interests of the corporate group on Earth Conference in Rio in 92. This Council today has more than 170 members of the largest transnationals in the world. A lot of people in the world already know about the biggest health catastrophe of the 20th century, the asbestos contamination. As many people already know, Stephan Schmidheiny was found guilty by the victims of asbestos contamination in a trial in Italy and sentenced to 18 years in prison. His brother Thomas has more than 20% of the shares of the Holcim Group, according to Forbes. At the moment Holcim and Lafarge are in negotiations to do a merger, creating the largest monopoly in the world.

For decades the Schmidheiny family held the argument that asbestos is an inert material encapsulated into cement, therefore claiming it isn't dangerous. Practically everything was discussed and systematically planned behind the gates of SAIAC (Association of Asbestos cement Industries). The SAIAC, second Ruers and Schouten, 2005 was based in Switzerland, under the leadership of its sponsor Ernst Schmidheiny.

What remains today for the ordinary human being is a giant deadly heritage of asbestos victims per year; an environmental sanitation that will last decades to be done, at least there where he was banned. In industrialized countries it is the number 1 cause of death from occupational diseases. According to Ruers and Schouten in Western Europe between the years 1995 until 2029, 250,000 thousand men will die of the disease mesothelioma and at least as many people will die with lung cancer related to asbestos contamination.

Organizational cultures are the image of its leaders. Their leaders represent the heroes, models to be followed and imitated within organizations. So the descendants of Ernst Schmidheiny adopted the same rituals, practices of doing business of his ancestors and built an empire. Today, in the 21st century Holcim uses and abuses the concepts of sustainable development to legitimize the incineration of hazardous waste in cement kilns worldwide and to maintain its status of an industry leader in the Dow Jones Sustainability Index, the New York Stock Exchange. Incineration or co-processing (depending on who you talk to), according to Holcim, is a sustainable way to reduce carbon dioxide emissions, conserve natural resources and solve the problems related to the disposal of hazardous waste. But none of that is true as we will see below.

Seen the tonnage and types of hazardous waste burning per hour in an incinerator of a cement kiln in developing countries, isn't it a little fictional or catastrophic wonder if contamination of POP's (Persistent Organic Pollutants) and heavy metals can become larger sanitary contamination of the 21st century? In this way the Schmidheiny family follows the tradition of villains in the history of the planet Earth.

Do the cement plants eliminate 99% of contaminants in the cement kiln?

In May 2004, it was difficult, virtually impossible, inside of Minas Gerais, Brazil, to contradict the speech about incineration of a doctor from the University of São Paulo. We knew nearly nothing about incineration. And, that's why that afternoon the members of ODESC found better to shut up and search better. The ODESC is a small non-governmental organization of the city of Barroso, in Minas Gerais State, which has for more than ten years been denouncing the incineration of hazardous waste in cement kilns. The result was the following quote, filed by ODESC in the Federal Public Ministry, nothing less than six days after the speech of doctor V. Maringolo in Barroso, on the safety of "co-processing":

"The day May 18, 2004 the company Holcim S.A. of Brazil held a lecture given by V. Maringolo, doctor from the Institute of Geosciences of the University of São Paulo and employee of the Brazilian Association of Portland cement, with the goal of bringing the scientific technique vision on the safety of co-processing and its use by the cement industry in Brazil. The same scientist held position in the technical study group that subsidized the elaboration of CONAMA resolution n° 316/2002, a fact that caused us oddity because the referring norm excludes the cement industry of its comprehensiveness, except with regard to dioxins and furans. This caused us astonishment because this scientist defends this position and affirms the existence of scientific certainty, in subsequent theses published were the opposite was stated, namely, that the process is not secure and that there are risks to human health and the environment, so there's no security advocated by this scientist, much less scientific certainty".

The speech of Dr. Maringolo will be remembered for a long time by the more than one hundred people of Barroso, who were present that day: "a cement kiln is able to eliminate without generating contaminants, 99.99% of the waste". This result certainly obtained in laboratory research is far from the reality and the experiences of residents of the neighborhood of Rosario and the people of Barroso in general concerning the incineration of hazardous waste, and this is what counts. Moreover to which extent does the University of São Paulo (USP), as a University associated with the Holcim Foundation, be really neutral in its scientific conclusions? See also: http://noalaincineracion.org/wp-content/uploads/HOLCIM%20SA%20brincando%20de%20Deus.pdf

Isn't there any risk to public health and the environment?

At several public events Holcim always makes the point that there is no reason to question the safety of "co-processing". According to them everything is within the law. All the licensing and monitoring was obtained according to the Brazilian parameters. Over the years of struggle it was found that these public statements of Holcim do not correspond with reality. An analysis of cement of Barroso made in the Netherlands indicated cement contamination by cadmium. "The region around the factory can be exposed to high concentrations of cadmium, mercury and zinc as much as the fine particulates emitted through the production of cement. A high concentration of cadmium in the body can cause kidney damage, damage to the central nervous system, as well as high blood pressure, slowing growth and weakening of the immune system."

In minute number 27 of ODESC's minute book contains data on a survey of diseases between 2002 to 2004, made by ODESC at the year 2005. The leading cause of death in Barroso is lung diseases, with 40% of the population. In second place comes heart diseases with 18%. This data was presented to representatives of the Municipal Secretariat of Health. The Secretary at that time and today employee at the Hospital of Barroso, said the data obtained "don't match with reality, since they refer only to the hospitalizations of the unified health system (SUS), and that the hospital has other data in its records". Some doctors, who prefer to remain anonymous, said that the data of lung cancer are greater than those indicated. Other conclusions of ODESC are: significant decrease of diseases of the lower respiratory tract of 40%, a significant increase of heart diseases of 46%, upper respiratory tract diseases of 27%. For children, 100%. Diabetes mellitus increase of 36%. Increase in prematurity of 100%. Excessive increase of neurological disorders to more than 200%.

According to information of ODESC from the population of Barroso, are appearing cancer cases related to trachea and thyroid, in most cases, in men of different ages and from different social classes in the Centre and in various districts of Barroso since 2007. The ODESC learned more than 20 cases to date. In recent years there has been an excessive increase of cases of child and adolescent cancer. In 2011, according to Datasus, there were 26 cases of children in hospitalization between the age of 5 to 14 years with cancer. In 2013 there were 22 cases of children between 1 and 4 years. These numbers of child and adolescent cancer cases account for over 30% of the total number of cases of cancer of Barroso population. The average for Brazilian child and adolescent cancer is 3% (see: inca.gov.br/estimativa/2014).

The death of fish in the River das Mortes in time of drought, acid rain, mines and dry streams in rural region, generating conflict with peasants and Holcim S.A. cracks in houses, are all signs that the impact on the environment is visible to the naked eyes.

Economy of non-renewable resources?

According to Holcim's sustainability report of 2004, the company made significant successes in the substitution of natural resources through the use of alternative materials. The Holcim plant in Barroso became the number 1 of the Holcim Group in replacement of clinker by blast furnace slag, i.e. an average of 40% of replacement. In this same report, on page 25, the company contradicts itself by saying: "one of the main reasons for the high rate of substitution is the proximity of the plant President Arthur Bernardes, the Gerdau Açominas, with whom we have a partnership: the factory of Barroso provides limestone for the steel mill, which provides blast furnace slag to the factory". This means that replacement is equal to zero. According to the NGO GAIA, its own goal of incineration is a problem for the planet: "incineration is a technology designed to convert natural resources into toxic ash, gases and liquids contaminants". Since the incinerators, cement plants, require more trash and trash that was transformed from raw materials, is always demand more processing of raw materials to supply the furnace of more toxic materials than the first.

Minimal emission of CO2?

Seen the statements of the previous paragraph it has to be taken into account the transfer of CO2 emissions for third parties as well as the production of CO2 across the cement production process from extraction to transportation. According to Santi 2003, the cement kilns were built to use conventional fuels but today many residues are far from it. Holcim cannot always guarantee a CO2 decrease exactly because of various technical problems that arise because of the different types of waste that she puts in the oven. These residues, have no other function unless the function of having to be purely "eliminated". They don't have the function of replacing raw materials and no energy value. Example is the waste from the landfill of Mantovani and the SPL (spent pot lining). Another example is the incineration of spent tires since 2002. According to the South African NGO Groundwork, the burning of tires generates more CO_2 than conventional waste burning. Besides that the incineration will always cause more CO_2 than any other energy generation process whether we like it or not.

Energy saving?

Taking into consideration the above mentioned, the NGO GAIA says it is necessary to recognize the fact that any object that may end up as waste represents more energy than the heat released when it is burned. "Any basic life cycle assessment will show that the calorific value of most items is a small fraction of their embodied energy, the energy used to extract and process the raw materials, turn them into products and transport those products to the market. The embodied energy is all lost when an item is burned in an incinerator". This was also emphasized by the engineers and technicians of Holcim in Barroso. Incineration in a cement kiln generates frequent stops with several consequences. In addition to the loss of power these charts cause more pollution and technical and financial expenses.

Holcim shows in their sustainability reports that the "co-processing" is recovering energy and at the same time a way of helping other companies and communities to definitely eliminate their waste ". Even if this was true, Holcim still in the same way helps destroying other forms of recovery of raw materials by promoting incineration. Similarly it is still depending on the raw material of third parties transformed into waste, for example the use of blast furnace slag in Barroso. In its latest report in German, GB2013, Holcim puts it very clear what the company's goal is. *She sees the incineration primarily as a cost-cutting strategy*. In 2013 she obtained a cost reduction burning waste of 187 million Swiss francs. The new strategy is to incinerate more, including urban waste. She has already started these activities in Europe, in Asia and in India by creating the company Geocycle incinerator. To see the report go to: http://www.holcim.com/uploads/CORP/Holcim_GB2013_Web_de.pdf

Engineers at the factory of Barroso, on our last visit to the factory in May 2014, confirmed to members of ODESC that Holcim in Barroso incinerated waste because the demand for cement was low. This hasn't changed since everything continues as before, according to our informants.

Minimal emission of dioxins/heavy metals, etc.?

In everyday life on a local level, Holcim is keen to stress the safety of incineration. But at a global level it makes recognition of the contrast on the site of the WBCSD (World Business Council for sustainable development):

"Cement production generates a significant impact surrounding communities, both positive and negative. One of the negative impacts is the high formation and release of POPs. Co-processing of hazardous wastes in cement kilns is explicitly mentioned in the Stockholm Convention as being a potential industrial source of POPs. The cement industry takes any potential source of POPs seriously, first because of the impact this may have for the reputation of the industry itself and, secondly because any minimal amount of dioxin can accumulate in the biosphere with potential long-term consequences". According to Santi 2004, Reijnders 2007, levels of dioxins and furans can increase by 8 times more when it incinerates waste in a clinker oven. In May 2014, the vice Coordinator of ODESC brought chicken eggs to Holland from a chicken coop from the city center of Barroso. The eggs were analyzed by the Dutch Institute RIKILT. RIKILT conducts research into the safety and quality of food. The Institute is specialized in detecting and identifying substances in food and animal feed and determining the functionality and effect of those substances. In eggs of Barroso was found high levels of dioxins, furans and pcb 's, respectively 1.8 pg TEQ / g fat, 3.3 pg TEQ / g fat, NDL-PCBs is 6.4 ng / g fat. According to the Dutch toxicologist Martin van den Berg contamination levels of pcb are high. These levels make clear that emissions of contaminants clearly come from the incineration of hazardous waste in Barroso. According to him, also the high rate of child and adolescent cancer may have to do with a high level of emissions of other toxics, for example: heavy metals, such as: cadmium, lead and mercury. This means that Holcim has contaminated Barroso, Minas Gerais. According to scientists at IPEN these data serve as a warning as levels exceed the action levels of the European Union for dioxins To see the analysis report go to: www.incineradornao.net

Is this a safe production process ?

Data submitted by ODESC don't match the reality of the company. If the own cement industry admits at the international level "the potential formation of POP`s in the co-processing of hazardous waste", then it counts for Barroso as well. And, as proven that incineration is the largest source of POPs, it is clear that the process is not secure. According to the NGO GAIA and the Stockholm Convention incineration in all its forms is a unsafe process. The objective of this Convention is to protect human health and the environment from persistent organic pollutants (POP`s). According to Santi 2004, "manufacturing of cement with the waste co-incineration expands the range of risks, forming numerous scenarios of exposure of hazardous components that move from one point to another of the production chain and use of cement, with great potential grievance to the health of workers and the general population and the impairment of environmental quality". *For over ten years Holcim incinerates an amount and types of waste that are still unknown to us*. Despite our best efforts Holcim and the town Hall of Barroso do not pass the data about it. Today the analysis done abroad know that Barroso and its region are contaminated. Why the insistence on refusal of these data?

Transfer of ISSQN (taxes services)?

According to the data of ODESC raised since 2003, Holcim S.A. only paid for two months in 2005 tax on services of any nature (ISSQN). The percentage of ISSQN is determined by each municipality. In Barroso the rate is 4.5%, in this case, Holcim would have to pay 4.5% for each ton of waste incinerated. According to Santi studies, 2006, Holcim Barroso officially incinerates about two million tons of waste per year. Assuming that for each ton incinerated, Holcim receives an average of 200 real, it then owes the municipality approximately the sum of real 4.644000.00. This should be one of the most important positive impacts cited on the website of the WBCSD, but this doesn't happen neither. Actually these data are fictitious since until today it has not been possible to obtain from the company a complete list of waste incinerated. The ODESC, through their investigations can say that Holcim, for sure, incinerates more waste than officially known, in classes of up to 2,000 real price per ton.

The more macabre and interesting thing for the Swiss and international media should be the fact that national and international reports of Holcim are not declared numbers, figures about the incineration/co-processing of waste!!! Holcim S.A. is surely an incinerator. She certainly has more profits with the incineration of toxic waste than with cement production in developing countries. But why would she declare this? If incineration for her is reducing costs? And in Europe itself? It was also reducing costs? For more than 50 years? She debunks the title of industry leader in the Dow Jones Sustainability Index, the New York Stock Exchange, which highlights "the best corporate sustainability practices in the world ". She should be treated as a company incinerator of the worst kind.

And as if all that wasn't enough already, in 2012 the Holcim S.A. started in Barroso its largest expansion project: the construction of a new furnace, valued at 1.4 billion real (http://www.expansaobarroso. com.br/). The BNDES (Brazilian Development bank) invests in this project 450 million real. The factory intends to triple the production of cement in Barroso. The amount of waste to be incinerated is still unknown. The consequences are huge: child prostitution, high cost of living, more air pollution, more disease, in a small town of only 24,000 inhabitants hidden among the hills of Minas Gerais.

Movimiento social por consecuencias de la producción cementera en Apaxco, Estado de México

Cecilia González Flores
Universidad Autónoma del Estado de México,
Facultad de Geografía

Nuestro país posee grandes riquezas ambientales, naturales, minerales, culturales y sociales que se ven modificadas continuamente debido la introducción de actividades económicas de empresas extranjeras sin las condiciones de sustentabilidad o beneficios al lugar invadido. Es el caso de la producción del cemento.

El trasfondo de la industria cementera en México ha generado una gran parte de la economía en el país, a cambio del agotamiento de los recursos naturales, impactos ambientales, y afectaciones a la salud de los pobladores, aumentando los casos de enfermedades respiratorias y cáncer en el municipio de Apaxco, en el Estado de México.

El establecimiento de la empresa cementera desde sus inicios no ha respetado las condiciones de seguridad ambiental y por ende la salud hacia los habitantes, ocasionado inconformidades de la población y una lucha iniciada en 2009 hacia la empresa ECOLTEC, perteneciente a HOLCIM Apasco, empresa transnacional que realiza la producción de cemento a partir del 2000 con lo que llaman "combustible alterno". Esto supone una gran ventaja hacia el cuidado del medio ambiente, sin embargo la empresa hace uso de residuos tóxicos que generan daños a la salud.

Cementera Holcim Apasco, ubicada en el municipio de Apaxco, Edo. Méx. Fuente: Movimiento Ambientalista Pro-Salud Apaxco-Atotonilco.

Los movimientos sociales surgen como respuesta ante los problemas una ciudadanía y donde las situaciones del gobierno se encuentran hacia el beneficio económico y no por parte del bienestar de su pueblo y recursos naturales. En este caso nace el "Movimiento Ambientalista Pro-Salud Apaxco-Atotonilco", en el año 2009.

Entre los 80´s y 90's se establece la industria de cementos en el municipio de Apaxco y durante el 2000 al 2009 se convierte en HOLCIM Apasco, donde se tienen inicialmente problemas de polvo, no obstante con el despido masivo de 1995 la industria hace uso de combustibles alternos. A partir de 2002, la cementera obtiene incondicional apoyo del gobierno municipal, adquiriendo más "combustible alterno" y creando otra filial en Apaxco, llamada ECOLTEC. Durante la oposición de 2003 al 2009 el movimiento expone denuncias al Ayuntamiento y a la Procuraduría Federal de Protección al Ambiente (PROFEPA), sin embargo las autoridades hacen caso omiso de esto.

Las implicaciones del establecimiento de la industria cementera en el municipio deberían suponer beneficios económicos hacia la población, no obstante de los 27,500 habitantes actuales en Apaxco, únicamente 80 son favorecidos laboralmente en la industria del cemento. Donde ECOLTEC afirma que ha beneficiado en mucho al municipio y entregado aportaciones, sin embargo condiciones como la infraestructura de los servicios de salud no reflejan dichas aportaciones y que los manifestantes y habitantes comentan.

En Apaxco se presentaron dos siniestros que marcaron a los habitantes y que logró mostrar la unión para confrontar y crear el movimiento social de los problemas que la industria cementera generó desde sus inicios.

Uno de los acontecimientos más grandes fue el 21 de marzo de 2009, con la vida de once campesinos de la localidad El Refugio, que realizaban sus actividades de limpieza en el sitio llamado "El Carcamo", únicamente sobrevive el hijo de uno de los campesinos, quien asegura que al entrar al lugar se percibía un olor insoportable, el mismo que la población distingue como el olor a químicos proveniente de ECOLTEC.

Esa noche las personas comienzan a concentrarse para manifestar sus inconformidades hacia los directivos, ellos por otro lado tranquilizando con promesas de no volver a utilizar los residuos, pero el 6 de mayo permanece el olor, la población vuelve a reunirse, se dan las mismas promesas, y los habitantes comienzan el bloqueo a falta del apoyo de las autoridades.

El movimiento siempre respetó a los trabajadores de la industria teniendo solo la intensión de afectar al que ha afectado, y el cierre definitivo de la empresa, bloqueando su entrada, pero el 20 de febrero de 2010 desmantelan el campamento del movimiento inicialmente con cerca de 2,000 personas.

Para desgracia de ECOLTEC, días después ocurre una explosión ubicada a un par de metros de la industria, que almacenaba compuestos químicos para ser usados en combustible alterno. No obstante el bloqueo del movimiento social no fue bien recibida por parte de las autoridades.

Pero las condiciones capitalistas en las que se rige nuestro país donde el poder no se basa en las acciones positivas hacia nuestro entorno, sino por las ambiciones económicas tienen el mayor peso, ya que PROFEPA manifestó una evaluación de impacto ambiental exponiendo que ECOLTEC no manifestaba amenaza ambiental, CONAGUA aseguró que la empresa poseía los permisos para el dengue de sus desechos, hacia el sitio de "El Cárcamo" y las autoridades dieron el total apoyo a la empresa antes que a la población afectada.

Sin embargo el movimiento no estuvo completamente solo, ya que la lucha que habían recorrido llegó a Organizaciones No Gubernamentales como Green Peace y GAIA. Donde el primero, como lo reportan algunos integrantes del frente, únicamente hizo presencia y bloqueo simbólico en las afueras de la empresa por un periodo corto, mientras que GAIA ha continuado con el seguimiento del movimiento social hasta la fecha.

El término ECOLTEC no es símbolo de sustentabilidad, o respetuoso hacia la naturaleza, simplemente es una apariencia hacia los medios. Ya que las condiciones en las que se encuentra la empresa no reflejan las condiciones ni la inversión en tecnología, mucho menos en su tan nombrado "combustible alterno".

Los surgimientos de los movimientos sociales se han dado paulatinamente en nuestro país comparado con otros, sin embargo aquellas situaciones que superan las actividades cotidianas de una población, alterando en su inicio el paisaje de su entorno, siguiendo con problemas ambientales y de salud provocan aquellas movilidades para exigir soluciones.

Aunque se piense que las actividades que se realizaron durante tanto tiempo lograron parte del mejoramiento por un momento de los daños, la tenacidad de los integrantes del frente y su perseverancia se ve recompensado en escalas menores, pero eso no significa que deben desistir ante los rechazos e impunidades de las autoridades.

The Past alive!

Valeria Nacif
Organização de Desenvolvimento Sustentável e Comunitário,
ODESC

THE BACKGROUND:

The Foundation ODESC (Organisation for Sustainable Development) is a small NGO founded by volunteers in 2003, based in the city Barroso, in the state of Minas Gerais, Brazil. ODESC is a member of the Brazilian Forum (FBOMS), the Brazilian Network for Environmental Justice (RBJA) and the Global Anti-Incinerator Alliance and Global Alliance for Incinerator Alternatives (GAIA).

ODESC makes people aware about incineration in cement kilns and is also fighting simultaneously on legal matters against the incineration of hazardous waste which are made in Brazil. She is the only NGO in Brazil which has a modest independent, general knowledge about the entire process of burning hazardous waste in cement kilns in Brazil.

That is why the protest and the indictment by the Public Prosecutor has become a necessity and a duty for all who respect the mental and physical well-being of all living beings and want to retain sustainable development.

The indictment focuses against the Swiss multinational Holcim, which in Barroso burns at least a cocktail of as many as 150 different types of hazardous residue(HR) in a 50-year-old cement kiln (cimenteira)to produce cement.

THE PROTEST:

Most of the cement plants in Brazil are located in the middle of densely populated areas, such as the metropolitan area of Belo Horizonte (1.5 million inhabitants), the capital of Minas Gerais. Minas Gerais is the largest cement producer in the country, while it is the largest incinerator of HR in Brazil. It is a state which is larger than France with around 40 million inhabitants.

In contemporary Brazil, production of industrial waste will only continue to increase with economic growth offering more lucrative business opportunities for cimenteiras. They achieve a doubly profit

86

from the incineration of HR: using waste as fuel and at the same time, being paid to exterminate them in a cement kiln.

Exterminate chemical waste in Brazil is a highly profitable business, where + / - 70% of the Brazilian chemical waste is still being dumped in landfills.

ODESC came to protest openly after the coordinator had conducted an investigation, because of complaints from the residents of the neighbourhood Rosário around the cement plant HOLCIM. The residents had symptoms such as difficult breathing, smell and inconvenience of a white substance, depression, aggressiveness, heart conditions, allergies, etc.

The outcome of the investigation[28] was:

The cimenteira Holcim burns different kinds of hazardous waste in its cement kiln. That was until 2004 April unknown to the community. Officially it started it in 2002. Unofficially in 1995!

Several environmental proceedings are skipped, such as: participation of the population, public debate about what burning of hazardous waste means, consent of the Mayor without consulting the municipal council, etc.

Environmental taxes on incineration of waste is circumvented.

There is illegal transportation and burning of waste in Barroso, and there is also illegal deposited waste in Barroso.

Large multinationals in no time are obtaining licences to burn their waste in Barroso.

Several security measures at the workplace are ignored, a labour inspector of the region is transferred.

The company never take diagnoses related to accidents in the processing of hazardous waste at the plant. Accidents have never happened officially in the processing of the waste.

The "elite" of Barroso are in full support of Holcim, many of them have all sorts of businesses within the factory.

Increase of other diseases related to environmental pollution in the last 8 years, increasing of breast cancer, thyroid cancer and leukaemia.

The main activity of the cement plant is waste incineration and not to produce cement.

On 13 April 2004 the members of ODESC decided that there had to

28 Holcim S.A. brincando de Deus

come an awareness campaign! An awareness campaign from ODESC came while at the same time the Multinational Holcim S.A. started a campaign against the coordinator and against ODESC. Hard and sad times followed! No one came to help us with the exception of Greenpeace, in the person of John Butcher.

In February 2006 ODESC realized the First Seminar on the Incineration of hazardous Waste of Minas Gerais. The Declaration of Barroso followed, this is a manifest against incineration in Brazil. Since then we have gotten a lot of contacts in Brazil and around the world.

In August 2006 the ODESC participated in Rio de Janeiro in the Workshop: Co-incineration of waste in cement kilns: a vision of environmental justice on the so-called "co-processing". The report is available at the following link: http://noalaincineracion.org/campanas-locales In March 2007 ODESC conducted the debate on the health risks in the transport, handling and incineration of HR with the participation of researchers from CNSP / FIOCRUZ.

In September 2009 the report: Holcim S.A playing God (in portugese: Holcim S.A. brincando de Deus) put on paper all the facts about the movement against incineration of HR in Barroso. The report Holcim S.A playing God, tells the story of a movement in Brazil concerning the incineration in cement kilns. Several layers of the community participated. The report makes clear what happens in the daily life in Brazil when a population is not in agreement with the status quo. Everything happens in David and Goliath proportions, in other words: the fragile community ahead of the state colluded with the industry, in the case of Barroso, with the transnational Swiss Holcim SA.

The Complaint:

Also on April 2004, the first indictment was filed by the Federal Public Prosecutor. There had been chosen for secrecy to protect the investigation. It is so far the only indictment, which was filed against incineration of hazardous wastes in cement kilns throughout Brazil. After further investigation of ODESC, during the last ten years this indictment has broadened.

The indictment in its entirety is based on the PRECAUTION PRINCIPLE and follows up:

Against the incineration of hazardous waste in cement kilns in general and against the Swiss HOLCIM Company, in particular, for the burning of various types of waste (+/- 150 types) in densely populated areas, as in Barroso, Pedro Leopoldo and   Cantagalo.

Because of the risk of contamination for living creatures by dioxins, furans and heavy metals.

Due extraordinary exposure of millions of people to toxic chemicals.

Against violation of economic regulation. The application of chemical waste as fuel and raw material caused differentiation in the cement market. The state has facilitated the laws so that privileges arose.

Against cartel formation. Prices of cement will remain high.

Due to the fact that the company`s main activity is the burning of chemical waste.

Against violation of administrative standards, because economic interest within the state environmental services, eg hiring ex-officers of the cement companies to facilitate environmental licenses.

Because of the links and / or accelerating environmental licenses for suppliers to the Company. Only Holcim S.A Barroso-MG has licenses for the burning of 150 different residues produced in 36 facilities in 6 Brazilian States,   because of intertwining interests within the National Environment Council (CONAMA); An engineer employed by Holcim determines the law in terms of incineration.

Because of illegal trade: transportcompanies of politicians smuggle chemical waste to cement companies. Composition, quantity and origin of waste are unknown.

Due illegally storing of waste in industrial sites.

Against violation of human rights.

Against ideological manipulation: incineration of HR is not sustainable.

During the years that followed, ODESC supported the prosecutors with relevant information to help them to streamline the process. At the same time ODESC members suffered various types of oppression and repression, leading the movement into the underground. In mid-year 2011 Holcim S.A announced the expansion of cement plant in Barroso. Neither the City Council nor the prosecutor were moved by the letter[29] that ODESC addressed them in January 2011, reminding them of the increase of risks with the expansion of the factory in Barroso. In August 2012 Holcim S.A started the expansion works[30].

29 Incineração em Barroso – Carta aos Vereadores
30 http://www.holcimexpansaobarroso.com.br/

YEAR 2013

On February 7, 2012, after nearly eight years of origin, federal prosecutors announced in a document31 sent to Valeria Nacif, that the civil investigation concerning the incineration of HR is no assignment of this Ministry. The responsibility of the case will be passed to the State Prosecutor, i.e. the case would be handled in Barroso, the State Prosecutor's Office, where there is already other representations. The reason would be the lack of sufficient facts to proceed at the federal level. This argument of the prosecutor in a process that already has more than 700 pages and currently almost ten years of origin, is not only unconvincing but also paradoxical. The process is composed of several national and international documents on the risks of incineration of HR, as well as several complaints raised by ODESC. Time passes and so far the State Prosecutor is not pronounced, despite all the efforts of the few remaining members of ODESC.

The ODESC already, for almost ten years is still waiting for a response from the State Prosecutor in Barroso where it all started.

Today there is no doubt that highly harmful toxins are emitted in the incineration process which are harmful to the health of living beings. There are numerous studies showing the relationship between incineration and diseases such as cancer, asthma, heart problems, neurological and pulmonary[32]. **A cement kiln is an incinerator**.

THE APPEAL:

Given the implications of the situation described above, it is clear that cooperation and solidarity between the various authorities, both national and international, is very important for breaking the silence.

The consequences of incineration in Brazil are serious and represent directly and indirectly despair for millions of Brazilians of present and future generations. Incineration in Brazil today is wildly gaining ground and will silently cause countless victims, beyond Brazil's borders. But dioxins, furans and heavy metals do not recognize borders. Therefor we are looking for support! Support translated into cooperation in exchange of information, on awareness campaigns and research.

International disclosure about what happens to the chemical waste is very important. Unmask the corruption surrounding the incineration as well!!

The ODESC can NOT do this alone!!

But the problem belongs to all of US, as well as the solution !!!

---

31 Promoção de declínio e atribuição, inquérito civil: 1.22.000.000960/2004-99
32 http://no-burn.org/downloads/Incinerator_Myths_vs_Facts%20Feb2012.pdf

La industria del cemento en una encrucijada: la resistencia de la Sociedad civil a los proyecto de incineración de residuos como nuevos combustibles

Carlos Arribas
Ecologistas en Acción

La industria del cemento se encuentra desde hace algunos años en un proceso de reconversión profundo. No es un proceso de reconversión tecnológico, pues desde los años 70 de siglo pasado no ha habido cambios sustanciales en el modo de fabricar el clínker, componente fundamental del cemento. En esos años la necesidad de aumentar la producción de clínker en cada instalación, sin necesidad de construir nuevas fábricas que satisficieran la demanda creciente de cemento, motivó la introducción de los precalentadores en suspensión y más tarde el precalcinador en las primeras fases de esos precalentadores, una suerte de segunda cámara de combustión para facilitar la descarbonatación de la roca caliza antes de entrar en el horno principal. Los tecnólogos japoneses y alemanes diseñaron esos avances, que no tenían como principal objetivo conseguir mejoras ambientales sino mejoras en la productividad y eficiencia de las plantas y por tanto en las ganancias empresariales.

El propio sector reconoce que no hay en el horizonte tecnológico grandes cambios y no se esperan los mismos en los próximos años. Las llamadas tecnologías "emergentes" como la combustión en lecho fluidificado implantada de forma generalizada en los procesos de combustión de las grandes y modernas instalaciones como centrales térmicas de carbón, no pasan de ser anecdóticas en algunas fábricas de cemento[33].

Tampoco en las tecnologías de reducción y abatimiento de las grandes cantidades de contaminantes atmosféricos generados en los procesos de combustión se esperan grandes cambios. Además las normativas

---

33 Planta de Cemex en Rüdersdorf, Estado de Brandeburgo (Alemania)

reguladoras que se están aprobando en Europa[34] y USA[35], reducen las emisiones permitidas de partículas y metales pesados volátiles como el mercurio, obligando a implantar técnicas ya generalizadas en las incineradoras de residuos urbanos e industriales, como la inyección de carbón activo. La fabricación de cemento se encuentra muchas veces a remolque de esas técnicas procedentes de otros sectores industriales, y con gran desgana de implantarlas en su propio sector para reducir las emisiones de sustancias cancerígenas y/o disruptores hormonales.

¿CUÁL ES POR TANTO LA PRINCIPAL RECONVERSIÓN DE LA INDUSTRIA DEL CEMENTO?

Dejando de lado la reconversión laboral profunda en algunos países donde la demanda de cemento ha caído en picado (en España ahora la producción de clínker está en 10 millones de toneladas, cuando el máximo se dio en 2007 con 32 millones de t), que ha conducido a despedir a miles de trabajadores y un profundo ataque a las condiciones laborales de los que se quedaban, la principal reconversión es hacia la utilización de combustibles procedentes de los residuos, y en la sustitución de combustibles fósiles (fuel, gas, carbón y sobre todo coque de petróleo) por residuos. Cembureau, la patronal europea que agrupa a los fabricantes de petróleo reconoce que ahora esa sustitución energética es de un 32% de media en Europa, pero esperan conseguir un 60% en 2050[36]. En algún caso la sustitución energética puede llegar al 80% (planta de Cemex en Rüdersdorf, Estado de Brandeburgo) o al 90% en la planta de Cemex en Buñol (Valencia, España).

34 Los valores límite de emisión tienen que tener como referencia los niveles de emisión asociados a las Mejores Tecnologías Disponibles (MTD), Decisión de la Comisión Europea de 26 de marzo de 2013 sobre las conclusiones sobre las MTD (DOUE de 9 de abril 2013), esos valores son más estrictos que los que marcaba la Directiva 2010/75/CE. Adicionalmente Alemania ha impuesto para junio de 2018 un VLE para los óxidos de nitrógeno de 200 mg/Nm3. Ver el artículo Global cement emissions stardards, en la revista Global Cement de marzo de 2014 (www.globalcement.com).
35   Las enmiendas a la NESHAP (National Emissions Standards for Hazardous Air Pollutants for the Portland Manufacturing Industry) y NSPS (New Source Perfomance Standard) de feberero 2013 limita las emisiones de mercurio y material particulado en instalaciones nuevas, con entrada en vigor en septiembre de 2015. Para las instalaciones antiguas (anteriores a 2009) los valores límite en la emisión de partículas son mayores suponiendo un ahorro económico para la industria del cemento y un aumento en el total de emisiones.
36 http://lowcarboneconomy.cembureau.eu/index.php?page=alternate-fuels

Esa utilización de los llamados combustibles alternativos se justifica en objetivos ambientales (economía de bajo carbono, reducción de emisiones de gases de efecto invernadero, economía circular), que son falsos en su mayor parte, pero el objetivo fundamental es la reducción de costes y la obtención de ayudas y subvenciones estatales por gestionar residuos peligrosos y no peligrosos.

El combustible más utilizado, el coque de petróleo, está referenciado al precio del carbón y sus precios son crecientes. En realidad estamos ante un proyecto de conversión de las fábricas de cemento en auténticas incineradoras de residuos, incineradoras encubiertas, que no tienen la tecnología de las incineradoras (carecen de una segunda cámara de combustión, los dispositivos de retención de contaminantes son muchos más rudimentarios), pero que cuentan con la ventaja de su implantación antigua en los territorios y su relación económica con las poblaciones que las han acogido desde hace décadas en muchos casos.

Las ganancias obtenidas por la industria del cemento revendiendo derechos de emisión de gases de efectos invernadero en Europa son escandalosas y suponen la cifra de centenares de millones de euros en el periodo 2008-2012[37]. Los derechos de emisión dentro del agonizante Mercado Europeo de Carbono (ETS), obtenidos de forma gratuíta por la industria del cemento y que superaban las emisiones reales, han sido vendidas al mercado, con la excusa además de que la incineración de residuos reducía esas emisiones. En realidad el total de las emisiones no cambia, pero en la contabilidad del IPCC (Panel Intergubernamental sobre el Cambio Climático) de Naciones Unidas, las emisiones de la combustión de la fracción biogénica de los residuos (que solamente es una parte de las emisiones de CO_2 generado en la incineración de los residuos) descuenta en los valores oficiales de emisiones.

Los combustibles derivados de residuos incluyen una amplia gama de residuos, como lodos de depuradora, neumáticos usados, disolventes industriales, residuos procedentes de plantas de tratamiento mecánico-biológico de residuos urbanos (CDR/CSR), barnices y pinturas, plásticos procedentes de vehículos fuera de uso, aceites de locomoción usados, etc. Hay que anotar que en la mayoría de los casos nos encontramos con residuos que pueden ser reciclados o reutilizados, es decir son susceptibles de una valorización material,

---

37 En España hubo un exceso de 56 millones de toneladas de CO_2 (1 derecho de emisión = 1 t de CO_2) de asignaciones sobre las emisiones reales, lo que supuso para la industria cementera unos ingresos extras de 336 millones de euros, suponiendo un precio medio de 6 euros/derecho de emisión.

que resultaría ambientalmente más correcta que la exclusiva destrucción térmica del residuo mediante su incineración, la llamada valorización energética. Por ejemplo de los neumáticos fuera de uso mediante procesos técnicos sencillos se puede obtener polvo de neumático y acero. El polvo de neumático se puede utilizar como aglomerante asfáltico en la construcción de firmes de carreteras, con un buen resultado ambiental, ya que se reduce el ruido de rodadura y se mejora el desalojo del agua en caso de lluvia.

La industria del cemento se aprovechaba de que las sociedades no habían implementado sistemas eficientes de reciclaje y recuperación de materiales, ofertando soluciones llave en mano para una amplia variedad de residuos y dificultando la implantación de esos sistemas.

Además el proceso de concentración capitalista empresarial se ha acelerado en los últimos años. La fusión de los dos grandes en 2014, Lafarge y Holcim, creará la principal empresa de fabricación de cemento a nivel mundial. Ese proceso de unificación ha coincidido en España con la fusión de los activos de Cemex España S.A. y de los de Holcim, creándose un verdadero monopolio en España.

RESISTENCIA DE LA SOCIEDAD CIVIL A LOS PROYECTOS CEMENTEROS

Casi en cada una de las 35 fábricas de cemento que existen en España (ahora han cerrado varias llegando hasta su desmantelamiento, como el caso de Castillejos y Yeles en Castilla-La Mancha) existen Plataformas ciudadanas que se oponen a la incineración de residuos. Los motivos de esa movilización ciudadana son varios: el aumento de la contaminación generada por la combustión de residuos, el aumento de la peligrosidad de las sustancias emitidas y el desprecio hacia la ciudadanía y la prepotencia con la que actúan las firmas propietarias de esas fábricas. A pesar de que el sector cementero se ha empeñado en contratar a algunos profesores de algunas Universidades para que demuestren la inocuidad de esas sustituciones energéticas lo datos son bastante contundentes. A pesar de que cada vez se produce menos clínker en España desde 2007, debido al estallido de la "burbuja inmobiliaria" y a la crisis financiera, las emisiones de algunos contaminantes peligrosos son cada vez mayores proporcionalmente. Eso se comprueba en el Registro Estatal de Emisiones y Fuentes Contaminantes[38]. En 2012 las emisiones de mercurio ascendieron a

---

38 http://www.prtr-es.es . Hay que tener en cuenta que esas no son el total de emisiones pues en todas las sustancias hay unos umbrales normativos a partir

163 kg, cuando en 2008 fueron de 206 kg, con una producción casi tres veces mayor. En 2008 se emitieron 15.752 kg de benceno, y en 2012 fueron 15.339 kg, casi la misma cantidad aun cuando la producción había disminuido. Lo mismo se podía constatar en las emisiones de los peligrosos Hidrocarburos Aromáticos Policíclicos (con 16 sustancias prioritarias según la EPA y casi todas ellas cancerígenas como el benzopireno (a) generado también en la combustión del tabaco, en 2008 se emitieron 1.796 kg y en 2012 913 kg, reduciéndose a la mitad cuando la producción se ha reducido hasta una tercera parte.

La respuesta de la sociedad civil se articula a través de movilizaciones (concentraciones, manifestaciones, presentación de miles de alegaciones a los nuevos proyectos, etc) y constitución de plataformas ciudadanas, que ha llegado incluso hasta los tribunales, obteniendo en algunos casos sonoras victorias, con la suspensión de la Autorización Ambiental Integrada, en el caso de las cementeras de La Robla y Toral de los Vados en León, la de Venta de Baños en Palencia y la de Moncada i Reixac en Barcelona. Es significativa la Sentencia del Tribunal Superior de Justicia de Castilla y León de julio de 2013 en el caso de la cementera de La Robla[39], donde se admite que el aumento de la contaminación ambiental se ha reflejado en un aumento de la incidencia de enfermedades respiratorias en la población, documentada por informes del médico de esa localidad.

La sociedad civil en España está vigilante. Algunos nuevos proyectos de sustitución de la producción de clínker por la de óxido de magnesio en los inactivos y ociosos hornos de las cementeras, como es el caso de Olazti (Navarra) o Morata de Jalón (Zaragoza), que conllevaría un espectacular aumento de la emisión de los óxidos de azufre, están en el punto de mira de las plataformas ciudadanas que buscan conseguir un aire limpio.

de los cuales es obligatoria la comunicación al Registro. Por ejemplo en el mercurio las emisiones anuales por debajo de 10 kg no se han de declarar.
39 http://www.poderjudicial.es/search/doAction?action=contentpdf&datab asematch=AN&reference=6850585&links=la%_20robla%20cemento&opti mize=20131002&publicinterface=true

La explotación cementera: una amenaza a la reserva estatal Sierra Norte, en el Estado de Morelos

Fernando Jaramillo Monroy, Doctorado en Ciencias Naturales,
CIByC-UAEM

Larisa de Orbe González, Acción Ecológica, A.C.

Introducción

Desde hace más de dos décadas la empresa Cementos Moctezuma ha estado asentada en la Sierra Monte Negro, en el municipio de Emiliano Zapata, Morelos, explotando la cantera en una propiedad de 89 hectáreas en la que contaba con los permisos de impacto ambiental, sin embargo en el año 2006, con el objetivo de expandir la explotación de la cantera, la empresa inició un proceso de compra de tierras a los ejidos aledaños a su propiedad, dichas tierras se encontraban dentro de la poligonal de la Reserva Estatal Sierra Monte Negro, y fueron excluidas de la Reserva mediante un decreto del Gobierno Estatal.

La Reserva Estatal Sierra Monte Negro es un corredor biológico entre las áreas naturales protegidas del norte y sur de la entidad (Corredor Biológico Chichinautzin y la Sierra de Huautla). Fue creada por el Gobierno del Estado de Morelos a fines de la década de los 90s, con el objetivo de proteger el último corredor biológico existente entre esas dos áreas naturales protegidas y los ecosistemas forestales del norte y sur de la entidad, así como conservar una de las zonas más ricas en biodiversidad del Estado de Morelos (ver recuadro). La conservación de este sitio es de suma importancia ya que la superficie que ocupaba la selva baja caducifolia en Morelos se redujo en más del 50% en los pasados 30 años, y es el último reducto de este tipo de ecosistema en la región central de Morelos. En ella se encuentran representados entre el 50 y 90 % de las especies de vertebrados silvestres registrados para Morelos (Jaramillo et al 2000). Por lo que la cementera se ha convertido en el principal impacto ambiental que amenaza la conservación de la Sierra Monte Negro.

El Estado de Morelos, en proporción de su territorio (0.25 % del territorio nacional) es una entidad rica en biodiversidad, ya que en él se encuentran representados ocho de los diez grandes tipos de ecosistemas que se reconocen para México y el 10 % de las especies de plantas y animales registrados para nuestro país (CONABIO-CEAMA 2003, CONABIO-UAEM 2004). Sin embargo, el Estado de Morelos es también una de las entidades con mayor deterioro y destrucción de su biodiversidad, debido entre otras a las siguientes causas:

- 70% de la superficie del estado se considera de vocación forestal, sin embargo se ha eliminado más del 80% de la cubierta forestal de la entidad (quedan 88,000 ha de bosques y selvas),

- Destacan las tasas de deforestación de bosques y principalmente de selvas (anualmente se deforestan entre 3,000 y 4,000 hectáreas en el Estado), que de continuar a los ritmos actuales, amenazan con perder la cubierta forestal de Morelos en las próximas 2 ó 3 décadas, y con ello la mayor parte de la biodiversidad y los servicios ambientales que ésta aporta y permiten el desarrollo actual y futuro de la entidad.

- 80% de los suelos morelenses presentan diversos grados de erosión.

- Morelos ocupa el 2° lugar de los estados de la república por el deterioro y transformación de sus ecosistemas naturales (Ordoñez y Flores 1995)

Historia de la reserva

La Reserva fue creada mediante decreto estatal del 10 de julio de 1998 del Gobierno del Estado de Morelos (Periódico Oficial Tierra y Libertad 1998). En sus inicios esta Reserva contó con recursos básicos de personal y presupuesto para su funcionamiento, así como un Comité técnico interinstitucional e intersectorial que coordinaba su manejo (Poder Ejecutivo 2000). La Universidad Autónoma del Estado de Morelos realizó la donación de un predio de 23 hectáreas dentro de la Reserva con el objetivo de destinarlo a la conservación de recursos naturales y a la investigación y cultura ecológica (Gobierno del Estado Poder Legislativo 1998). Con este apoyo, se elaboró, consensó, publicó y se puso en marcha el Programa de Manejo de la Reserva (Secretaria de Desarrollo Ambiental 2000); asignándose recursos presupuestales, humanos y materiales para su manejo y operación.

Antes de que se publicará el decreto del establecimiento de esta Reserva, se llevaron a cabo estudios técnicos justificativos, consultas y recorridos de campo con los dueños y poseedores de la tierra para definir los límites y posible manejo de la Reserva (Jaramillo et al 2000). Durante ese proceso se tuvo acercamiento con la Empresa Cementos Moctezuma, ya que en ese momento ésta contaba con las autorizaciones de impacto ambiental y de uso de suelo para la explotación de caliza sobre 89 hectáreas de su propiedad.

En el proceso de consulta, la empresa manifestó no tener considerados proyectos de expansión y que le eran suficientes los terrenos con los que contaban (89 ha) para sus necesidades de abastecimiento de materia prima para los próximos 99 años, por lo tanto el límite de la Reserva bordeó los límites del predio de la cementera.

Periodo 2000-2006

El manejo y gestión intersectorial de la Reserva se mantuvo hasta mediados del año 2000, sin embargo, con el cambio de administración del Gobierno Estatal, se llevó a cabo una reestructuración disolviéndose la Secretaría de Desarrollo Ambiental, para crear la Comisión Estatal de Agua y Medio Ambiente (CEAMA). Con estos cambios, el personal a cargo de la Reserva fue dado de baja y los recursos materiales y presupuestales asignados a su conservación fueron destinados a otros rubros, quedando desprotegida durante los años posteriores.

Periodo 2006-2010

A partir del 2006 ingresan a Morelos empresas inmobiliarias dedicadas a llevar a cabo grandes desarrollos urbanos, (Geo, Ara), sobre tierras agrícolas de riego aledañas a la Reserva Estatal Sierra Montenegro, dentro de las cuales se ubican tres importantes manantiales (Chihuahuita, El Zapote y el Salto) que abastecen de agua a aproximadamente 13 comunidades, algunas de ellas indígenas de la zona centro de Morelos. Esta situación motivó que se generara uno de los más grandes movimientos sociales denominado "Los 13 Pueblos", que tenía como fin evitar que los desarrollos inmobiliarios se asentaran en las zonas aledañas a dichos manantiales (Messeguer 2007).

En el año 2008 el Gobierno del Estado de Morelos, aprovechando la coyuntura del movimiento de los 13 Pueblos y ante la solicitud y los requerimientos de expansión de la Cementera, emitió un Decreto

Modificatorio de la delimitación de la Reserva (Periódico Oficial 2008), con lo cual se desincorporaron más de 300 hectáreas de ecosistemas con un alto grado de conservación que eran parte de la Reserva y en los que el uso del suelo estaba destinado a preservación y conservación de ecosistemas, estando prohibido, hasta ese momento, el desarrollo de obras de infraestructura y actividades industriales, para permitir la expansión de la cementera. Asimismo el mencionado decreto modificatorio amplió los límites de la Reserva hacia el poniente para incluir la protección de los manantiales que demandaban los 13 pueblos.

En el siguiente mapa se aprecia el área de las 89 Hectáreas (desmontado) y él área que fue excluida de la Reserva para la ampliación de la cementera.

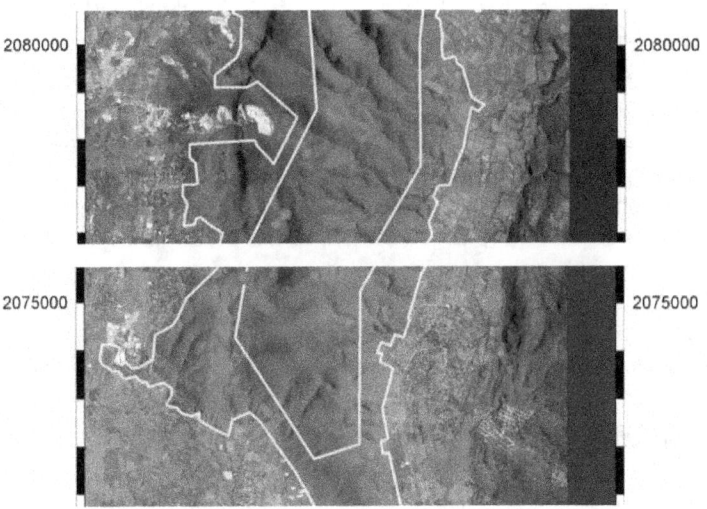

Durante el año 2009 Cementos Moctezuma gestionó ante la Secretaría de Medio Ambiente y Recursos Naturales (SEMARNAT), la autorización de la manifestación de impacto ambiental (MIA) para el proyecto de "Ampliación de la cantera de caliza de la Planta de cemento Tepetzingo" (Cemento Moctezuma 2009) la cual se contemplaba llevar a cabo para cambio de uso del suelo en el área recién adquirida por la empresa y ya excluida de la Reserva. Es importante destacar que dicha MIA era de carácter particular, cuando el impacto ambiental que está causando y causara la empresa es a todas luces regional, y por tanto la modalidad de MIA que debió haber exigido la SEMARNAT era la presentación de una MIA Regional.

2011-2015

En el año 2010 dicha MIA fue sometida a consulta pública, presentándose una amplia participación de diversos representantes de organizaciones de la sociedad civil e instituciones académicas, que emitieron oficialmente observaciones a la MIA, las cuales fueron consideradas por la SEMARNAT en su Resolutivo que emitió el 23 de febrero de 2010 (SEMARNAT 2010).

Una de las observaciones que académicos realizaron, fue que el documento de impacto ambiental que presentó la empresa, carecía de estudios que describieran el impacto hidrológico e hidrogeológico en la zona, siendo que en la propia MIA presentada por la empresa, se reconoce la importancia y aporte ecológico de la Sierra en cuanto a la precipitación pluvial, escurrimientos, recarga de acuíferos y abastecimiento de agua para los asentamientos humanos en la región. Sin embargo, la SEMARNAT en sus comentarios a dicha observación, afirmó que no existía río o cuerpo de agua alguno en la zona aledaña al proyecto, sin embargo el Río Las Fuentes-Salado se encuentra aledaño a los terrenos de la Reserva y de la propia empresa, así como el acuífero de Cuernavaca, del cual se abastece de agua la propia empresa.

Asimismo, se observó que el documento no contemplaba un programa de restauración creíble que diera la certeza de que al término del proyecto de explotación de la cantera por parte de la cementera (99 años), una zona que tardó en formarse millones de años, quedaría con los ecosistemas originales recuperados. Esto ante la inevitable formación de un gran cañón en la Sierra producto de la explotación de la cantera de roca calcárea por parte de la empresa.

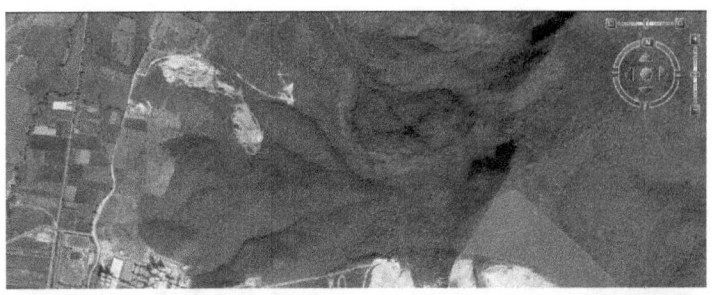

Tampoco se describe el impacto ambiental que se originaría al dividir prácticamente en dos, un corredor biológico que sirve de puente entre las regiones bióticas Neartica y Neotropical, con gran riqueza de flora y fauna. Este tipo de observaciones tampoco fueron tomadas en cuenta por la SEMARNAT.

Es importante destacar, que se tiene conocimiento que Cementos Moctezuma si ha implementado algunas de las acciones establecidas para mitigar el impacto ambiental de su expansión hacia la Sierra Monte Negro, tal es caso de la instalación y operación de un vivero donde se cultivan plantas propias de la Sierra, entre las que se encuentran varias especies incluidas en la NOM-059 como raras amenazadas y en peligro de extinción, e incluso algunas que difícilmente se habían logrado reproducir en viveros, tales como el Capiri, y varias especies de amates.

En una visita que se hizo a dicho vivero en abril de 2012, se pudo constatar los trabajos desarrollados por Cementos Moctezuma para el cultivo de plantas de selva baja caducifolia, se realizo un recorrido y explicación del funcionamiento del vivero por parte del personal de la empresa, destacándose que se tenía una producción promedio anual de 12,000 plantas, tendiendo capacidad de producción de hasta 26,000 plantas, las cuales incluyen tanto árboles como arbustos, dentro de los primeros destacan el cultivo del Capiri, 3 especies de amates, pochotes, ceibas, primavera, copales, cacaloxuchil, cacahuates, etc., en cuanto arbustos producen jarilla, chapulistle, nopal, maguey, etc. Estos últimos se utilizan para reforestar áreas temporalmente, así como para favorecer la sobrevivencia de las plantaciones de árboles. El funcionamiento del vivero está regulado y supervisado por la SEMARNAT y PROFEPA y técnicamente evaluado por la UAEM, y tienen que cumplir con las disposiciones legales, normas y condicionantes de estas instituciones para su funcionamiento.

Durante el año 2011-2012 y como parte de las condicionantes de SEMARNAT para autorizar la MIA, se creó un Fideicomiso por parte de Cementos Moctezuma, para apoyar proyectos de restauración ambiental solo dentro de los terrenos de la empresa Cementos Moctezuma. Además Cementos Moctezuma estableció un Consejo asesor del Fideicomiso, en el que participaban académicos de la UNAM y de la UAEM para dar seguimiento a las condicionantes que estableció SEMARNAT para autorizar la MIA, especialmente en lo concerniente a restauración y protección ambiental. Por lo antes expuesto, es recomendable solicitar información a la delegación SEMARNAT Morelos, que es la que les impuso las condicionantes a Cementos para que apoyaran proyectos de restauración, para tener información y una valoración del cumplimiento de dichas condicionantes.

Observaciones a la MIA de Cementos Moctezuma

A continuación se presentan las principales observaciones que se hicieron a la MIA, haciendo notar que los textos entrecomillados fueron extraídos textualmente de la MIA que presento la Cementera (a) y que son las que sirven de fundamento para los cuestionamientos, observaciones y propuestas que se hacen a la MIA, los cuales se destacan en letras negritas.

Imapacto hidrogeologico:

En la propia MIA se reconoce la importancia hidrológica de la Sierra Monte Negro en cuanto a precipitación pluvial y recarga de acuíferos, y su aprovechamiento en las partes bajas, sin embargo no se hace una evaluación del impacto del proyecto a los recursos hidrológicos superficial y subterráneos, lo cual es sumamente preocupante debido a que como se expresa en la MIA la zona es hidrológicamente importante en cuanto a

recarga y aprovechamiento de acuíferos, y van a usar dinamita para la extracción de la roca, lo cual implica vibraciones y movimientos parecidos a temblores locales durante el largo periodo de explotación, por lo que se debe solicitar a la autoridad de SEMARNAT que como principio precautorio se haga un evaluación del potencial impacto hidrogeológico del desarrollo de este ampliación del área de explotación de la Cementera.

(a).- Ecosfera Ingeniería Ambiental y Ecología de México S. A. de C. V. 1 **MANIFESTACIÓN DE IMPACTO AMBIENTAL MOD. PARTICULAR** CAMBIO DE USO DEL SUELO RESUMEN EJECUTIVO *AMPLIACIÓN DE LA CANTERA DE CALIZA DE LA PLANTA DE CEMENTO TEPETZINGO*

"El área que comprende el ámbito del presente inventario ambiental está definida por un radio de 5 Km. alrededor de la zona de proyecto, cuyo propósito es describir el escenario ambiental donde interactuarán los diversos factores ambientales y las acciones de la actividad propuesta. Dicha área constituye el sistema ambiental local."

"Este sistema tiene un clima cálido subhúmedo con lluvias en verano, con una temperatura media de 23.9° C y una precipitación pluvial de 928.4 mm anuales. Reporta una oscilación térmica extremosa y una evaporación que asciende a 1,873.9 mm anuales."

"El predio de proyecto se asienta en la Sierra de Montenegro, en una zona de transición de topoformas de llanura con lomeríos y serranía. En la topoforma de llanura con lomeríos se presentan pendientes de 7% a 12%, en tanto que en la parte alta de la sierra llegan al 90%."

"Litológicamente predominan depósitos de lutita-arenisca y arenisca-conglomerado, en tanto que la estratigrafía está conformada por derrames básicos del Cuaternario que sobreyacen a depósitos de conglomerado, travertino, caliche y suelo aluvial."

"El sistema ambiental reporta zonas de fallas con orientación norte-sur, en el predio de proyecto y en la serranía de Montenegro, que pueden representar áreas de deslizamiento de capas geológicas. A esta situación se agrega el hecho de que el sistema ambiental forma parte de la región de alta sismicidad de la República mexicana."

"Por su relieve abrupto, se tienen una máxima altura de 1645 msnm en la cima de la cantera, cerca del cerro Cueva del Aire que tiene 1655 m.

A pesar de las características del relieve, la erosión pluvial es minimizada por el efecto de la infiltración de la precipitación pluvial en las calizas de la zona, ya que la Sierra de Montenegro es una zona de recarga de acuíferos y manantiales."

"Debido a sus características geológicas y a la precipitación pluvial, en el sistema ambiental predomina una unidad de material consolidado con posibilidades altas de extracción y arroyos intermitentes. Por esta causa, el acuífero es de buen rendimiento, con un coeficiente de transmisibidad de 0.0009 a 0.05 m^2/seg. Su profundidad es de 60 m y tiene una dirección norte-sur en los alrededores del área de influencia, de manera que el acuífero de la formación Cuernavaca fluye hacia el sureste. Los pozos registran promedios mínimos de 5.3 l.p.s., medios de 35 l.p.s. y máximos de 90 a 100 l.p.s. a nivel regional."

"Como resultado de los rasgos geológicos y climáticos, el suelo predominante del predio es la rendzina acompañada de un litosol como suelo secundario, de textura limo-arcillosa y máxima profundidad de 25 cm, con lecho rocoso de caliza y rica capa superficial de humus, presentando buen drenaje interno y fase lítica superficial."

"Por la interacción geológica, hidrológica, climática y edáfica, se tienen las condiciones que han favorecido el desarrollo de la selva baja caducifolia, la cual ha sido alterada por actividades antropogénicas, dando lugar a una vegetación secundaria en sus alrededores, no obstante se reporta una selva baja caducifolia bien conservada en las zonas núcleo de la reserva estatal".

"El impacto residual derivado de estos efectos se comprende como las afectaciones en el grado de erosión aún contemplando la realización de las medidas de mitigación representadas por la construcción de drenes pluviales conectados al drenaje natural, el cual será alterado. Adicionalmente, se efectuarán monitoreos regulares a lo largo del horizonte de proyecto a fin de tomar las medidas correctivas en el caso de observarse el inicio del desarrollo de cárcavas".

"TIPO Y CANTIDAD DE MATERIALES Y SUSTANCIAS QUE SE UTILIZARÁN.

"Para la extracción del material se utiliza material explosivo, realizando barrenos. Los explosivos serán adquiridos por medio de una empresa registrada ante SEDENA, para lo que Cementos Moctezuma gestionará los permisos correspondientes emitidos por la misma secretaría."

"La explotación de la cantera se llevará a cabo por medio de una empresa contratista supervisada por personal de Cementos Moctezuma. Para la explotación de la cantera no se requerirá el almacenamiento de explosivos, por lo que no es necesaria la construcción de polvorines".

Impacto a la biodiversidad:

En la propia MIA se reconoce la importancia en cuanto a la biodiversidad, con una importante presencia de especies de flora y fauna, varias de ellas amenazadas o en peligro. Cabe destacar que el número de especies potenciales representa una importante proporción de la biodiversidad de Morelos, por ejemplo se reconoce la potencial de presencia casi la totalidad de especies registradas para el Estado de Morelos:

Biodiversidad del area de ampliacion de la cementera

GRUPO	MUNDO	MEXICO 1	MORELOS2	MIA CEMENTERA
	No. de especies	No. de especies	No. de especies / %*	No. de especies / % **
PLANTAS	270,000	23,702	3845 / 12%	191 / 4.96 %
HONGOS	72,000	6000	480 / 8%	
INVER-TEBRADOS	215,000	23,646	3022 / 12%	
VERTE-BRADOS	57103	5,167	600 / 11%	444 / 74 %
PECES	27977	2,628	26 / 0.98%	
ANFIBIOS	6035	290	24 / 8%	29 / 120%
REPTILES	8240	704	79 / 11%	55 / 69 %
AVES	9721	1,054	370 / 35%	253 / 68.3 %
MAMIFEROS	5130	491	101 / 20%	107 / 105 %
ESPECIES ENDEMICAS		958 fauna 5161 flora	138 fauna	
ESPECIES AMENAZADAS		1,420 fauna 994 flora		
ZONAS ECOLOGICAS *		5	3	
ECOSISTEMAS		10	8 / 80%	

En relación a Morelos a México y al mundo

*% el porcentaje es respecto al total registrado para el país

**% el porcentaje es respecto al total registrado para Morelos

1CONABIO 1998. La Diversidad Biológica de México: Estudio de País. 341 p.

2CONABIO-UAEM 2006. *La diversidad biológica en Morelos, Estudio del Estado*. Contreras, T., F. Jaramillo y J.C. Boyas (Editores). 155 p.

MIA Cementera

Cabe destacar que para algunos grupos (como los mamíferos y anfibios) el número de especies potenciales consideradas en la MIA de la Cementera supera al número de especies registradas para Morelos, lo cual puede deberse a la fuente de información (datos mas actualizados). Pero independientemente de ello destaca la gran biodiversidad de fauna silvestre que para algunos grupos representa no solo una gran proporción de las especies registradas para Morelos sino del país en su conjunto, tal es el caso de los mamíferos, aves, reptiles y anfibios.

Otro aspecto relevante es el reconocimiento de la importancia de la Reserva Sierra Monte Negro como Corredor Biológico entre el norte y sur del estado de Morelos, a lo que hay que remarcar que la Reserva es puente entre las Regiones Bióticas Neartica y Neotropical y por ello la gran biodiversidad de flora y principalmente de fauna que contiene. Importante es mencionar también que Morelos ha perdido en las ultimas décadas la mayor parte de su cubierta forestal debido principalmente al avance de la frontera agropecuaria, urbana e industrial, y que a la entidad le quedan menos del 20 % de áreas forestales (86,00 ha), con una pérdida anual de 3,300 ha, siendo el principal ecosistema que se está perdiendo la Selva Baja Caducifolia (CONABIO-UAEM 2006). Al respecto la MIA cita lo siguiente:

"Por la interacción geológica, hidrológica, climática y edáfica, se tienen las condiciones que han favorecido el desarrollo de la selva baja caducifolia, la cual ha sido alterada por actividades antropogénicas, dando lugar a una vegetación secundaria en sus alrededores, no obstante se reporta una selva baja caducifolia bien conservada en las zonas núcleo de la reserva estatal."

"Las afectaciones sobre la vegetación nativa son el resultado de la agricultura de riego y de temporal, así como el establecimiento de pastizales inducidos y asentamientos humanos."

"En el estrato arbóreo se tienen las siguientes especies: *Euphorbia fulva, Hauya elegans, Conzattia multiflora, Prockia crucis, Bursera copallifera, Mabea occidentales, Lysiloma divaricata, B. glabrifolia,* y *Pseudobombax ellipticum*."

"Se observaron 67 especies en la zona de un total de 191 especies potenciales. 56 especies tienen valor cultural, para usos como comestible, forraje, medicinal, ornamental, insecticida, ritual, colorante y dentífrico. A una altura aproximada de 1,220 m.s.n.m., la vegetación está fuertemente perturbada, sobre todo en la colindancia con el poblado de Tepetzingo. En esta zona, la cobertura de las especies arbóreas es reducida y la vegetación presenta un aspecto más bien abierto. Existe una dominancia fisonómica donde sobresalen distintas especies del género *Bursera*, siendo la especie *Ipomoea arborescens* particularmente conspicua."

"A una altura aproximada de 1,320 m.s.n.m., la vegetación presenta un estado general aceptable de conservación. En esta zona la cobertura de las especies arbóreas se incrementa y la vegetación presenta un aspecto más bien cerrado. Sobresale la presencia de *Conzattia multiflora*, que debido a su tamaño (especie emergente que puede sobrepasar los 10 m de altura) es la dominante fisonómica de este piso altitudinal."

"A unos 1,520 m.s.n.m., la vegetación también presenta un estado aceptable de conservación, aunque se observa la presencia de numerosas brechas, así como ganado vacuno vagando libremente. La cobertura de las especies arbóreas resulta mayor y por lo tanto, el interior es más bien cerrado."

"Por su parte, el listado potencial de mamíferos es de 107 especies, de las cuales se observaron o hallaron evidencias de 7 especies en la zona de proyecto. Respecto al listado potencial de aves, que es de 253 especies, se detectaron 37 especies. Por último, del listado potencial de anfibios y reptiles que asciende a 29 y 55, respectivamente, se observaron o detectaron 4 y 7 especies, respectivamente."

"Por su parte, 17 especies de aves se encuentran en categoría de protección. 6 especies de anfibios del listado potencial presentan alguna categoría de estatus de protección, así como 21 especies de reptiles. Ninguna de las 4 especies observadas reporta estatus de protección."

"En el caso de los reptiles, 4 de las especies identificadas se encuentra en algún estatus de protección y son:

-*Ctenosaura pectinata-A endémica;*

-*Boa constrictor imperator-A no endémica;*

-*Kinosternon integrum-Pr endémica.*

"La zona sirve de territorio de alimentación a muchas aves y mamíferos debido a la existencia de gran cantidad de árboles con flores. El área de la reserva estatal "Sierra Montenegro" es un corredor biológico entre las áreas naturales protegidas del norte y sur de la entidad (Corredor Biológico Chichinautzin y la Sierra de Huautla)."

"A pequeña escala, las brechas abiertas existentes son utilizadas como corredores por algunos animales (*e.g.* murciélagos) para desplazarse a través de la zona de vegetación perturbada. También estas áreas abiertas son utilizadas como asoleaderos por algunas especies de reptiles".

"Se reporta una especie de la flora en estatus de protección, detectada en el área de influencia del proyecto:

ESPECIE	NOMBRE COMUN	ESTATUS
Mastichodendron capiri (A. DC.) Cronq.	Capire	A

A = AMENAZADA"

Es interesante contrastar lo que se menciona en la MIA de la Cementera de que las comunidades humanas locales han impactado negativamente a la fauna silvestre por la construcción y uso de brechas y no se haga la misma consideración para el caso del impacto de la construcción y operación de brechas que para la extracción de roca hará la cementera, pero de mayor importancia la gran brecha, zanja o cañón que implicará a mediano y largo plazo la zona de extracción de roca caliza:

"En forma adicional a estas presiones de la comunidad, el sistema ambiental a recibido efectos negativos con la construcción y operación de vialidades, al afectar superficies de vegetación natural y desplazar a la fauna local, convirtiéndose en una barrera para el flujo de la misma".

Etapas del proyecto y su impacto futuro.-

Es importante destacar que la Cementera se ha venido desarrollando en varias etapas inicialmente en una primera etapa se desarrollo en 89 hectáreas en la que como alternativas para mitigar el impacto ambiental se propuso y autorizo en la evaluación de la correspondiente MIA, algo similar a lo que se está proponiendo para esta segunda etapa, es decir establecer un vivero y reforestar una vez que concluya la explotación de la cantera, lo cual es por decir lo menos una solución meramente cosmética al impacto real que va tener una explotación como la que implica el proyecto a los recursos bióticos, geológicos, etc. Lo cual va a generar un gran cañón con el consecuente impacto paisajístico que no se plantea nada de cómo se podrá revertir dicho impacto, e incluso se propone en la MIA que la extracción pueda continuar de forma indefinida o más de los 99 años, en función de los resultados de la explotación:

"Considerando la descripción de los impactos significativos, puede resumirse que los grandes cambios que sufrirá el sistema ambiental, con el desarrollo del proyecto de ampliación de la cantera de caliza, serán los siguientes:

- Ampliación de infraestructura extractiva en un medio rural y natural, en el cual se desarrollan diversas actividades comunitarias y ejidales, especialmente el pastoreo de ganado vacuno y la agricultura

- Aprovechamiento de recursos naturales no renovables previa extracción de recursos renovables, en terrenos de la Serranía de Montenegro

- Las áreas de la cantera serán alteradas progresivamente en su relieve, en el retiro de la vegetación y fauna locales, en la extracción de su estratigrafía y en la eliminación de la red de drenaje natural, así como del suelo vegetal, dentro del periodo de vida útil, dando lugar a un relieve diferente pero estable, con cubierta vegetal resultante de la plantación de individuos cultivados empleando el mismo suelo rescatado, que en su conjunto conformarán un nuevo drenaje que se interconectará con el natural, manteniéndose los mismos procesos de erosión natural

- Conservación de empleos permanentes, bien remunerados y generación de empleos indirectos, que incidirán en mejorías en la calidad de vida de algunas personas y familias de las poblaciones cercanas, a lo largo de un amplio periodo de vida útil

- Promoción del mantenimiento de la infraestructura para el avance del proyecto

- Impulso a los objetivos del plan estatal de desarrollo urbano, en el sentido de fortalecer las inversiones productivas, de revertir los procesos de marginación y de la protección al ambiente"

"IDENTIFICACIÓN DE EFECTOS Y PERTURBACIONES.

Con el desarrollo del proyecto de ampliación de la cantera de caliza, se considera que al interactuar los componentes del ecosistema y los del medio socioeconómico, ocurrirán cambios en el siguiente sentido:

- El asentamiento y permanencia de las instalaciones para la extracción de caliza, obedece a la presencia de importantes yacimientos, en una ubicación que facilita su extracción y comercialización.

- Para efectuar la explotación de los bancos es imprescindible retirar la vegetación natural y ahuyentar a la fauna local, así como el retiro del suelo vegetal de las áreas requeridas, de los cuales muchos elementos serán rescatados o reubicados, de forma que se compensarán estas afectaciones a través de la producción de plántulas de especies nativas que serán integradas al programa de reforestación progresiva. Al explotar los bancos, el relieve del predio de proyecto que forma parte de la ladera y cima oeste de la Sierra de Montenegro, será alterado de forma gradual, conjuntamente con el agotamiento de los yacimientos, de manera que al alcanzarse el final de la vida útil, se tendrá una cañada pronunciada con terrazas y taludes, en una extensión total de 69-85-38 ha.

- La presencia de la cantera podría atraer el establecimiento de otras actividades productivas empresariales que aprovecharían la infraestructura instalada y existente.

- Las especies de la fauna se verán desplazadas de las áreas afectadas, ocupando áreas colindantes más seguras, específicamente, los terrenos de la parte alta de la Sierra de Montenegro.

- Habrá mejoras en la economía de la localidad, como resultado del empleo directo e indirecto"

"IMPACTOS RESIDUALES.

A continuación se describen los impactos residuales que permanecerán a lo largo de la vida útil del proyecto de ampliación de la cantera de caliza y después de su abandono, aún con la aplicación de las medidas de mitigación.

Estratigrafía del área de bancos.

Los efectos sobre la estratigrafía de la zona de proyecto correspondiente al área de explotación de la Ampliación de la Cantera, representan un impacto que implica la eliminación de estratos en una superficie de 69-85-38 ha, a los ritmos extractivos que se indican:

Será progresiva la extracción de los materiales, de modo que los estratos del área serán retirados gradualmente, hasta alcanzar el horizonte del proyecto. El impacto residual está representado por la condición final de la zona una vez extraído el material de interés, de forma que en la superficie afectada se tendrá un área carente de estratos en varios metros de profundidad, constituyendo una cañada pronunciada visible a la distancia, dado que su ubicación es en la ladera y cima oeste de la Sierra de Montenegro".

"Relieve del área de la cantera.

Al llevar a cabo los cortes para la extracción de materiales, se irá modificando gradualmente el relieve, con lo cual su conformación actual que corresponde a la ladera y cima oeste de la Sierra de Montenegro, desaparecerá al alcanzarse el horizonte de proyecto. El impacto residual que permanecerá indefinidamente en la zona corresponde al relieve final que pasará de una ladera a una cañada pronunciada con terrazas".

"Concluida la restauración del área, es de esperar un impacto residual definido por el hecho de que la vegetación establecida conformará una cubierta vegetal sobre un relieve diferente al original, lo que conducirá al desarrollo de la misma bajo condiciones distintas. Además de ello, la cubierta vegetal estará constituida por una plantación de especies de selva baja caducifolia en el polígono del banco".

"Aunado a ello y como resultado de la progresiva extracción de los yacimientos de caliza, el relieve original será modificado notablemente, lo que implica eliminar el sistema de drenaje superficial. En conjunto, todos estos cambios inciden en la percepción del paisaje en el ámbito local".

"También es posible que al llegar el término de la vida útil del banco, lo que implica un largo horizonte de proyecto, no se lleve a cabo el abandono de la actividad, sino solamente un cambio de actividad, en el dado caso de que exista una alternativa factible y rentable para su aprovechamiento. Una situación de esta naturaleza implicaría la generación de un impacto benéfico significativo (relevante) sobre la demanda de empleo y la economía local".

Conclusiones:

La operación y expansión actual y futura de la Cementera Moctezuma en Sierra Monte Negro constituye el mayor impacto ambiental sobre la Sierra Montenegro, ha implicado ya la perdida de territorio de la Reserva al modificarse en el año 2008 por el Gobierno del Estado el decreto original (emitido en 1998), para quitarle más de 300 hectáreas de selva baja caducifolia bien conservada que formaban parte de la Reserva para destinarlas al aprovechamiento por parte de la Cementera. Por lo que suponer que con reforestar después de la explotación de la cantera se va a restaurar el impacto ambiental que causará la operación de la cementera durante los 98 años de operación que se proponen, es un error.

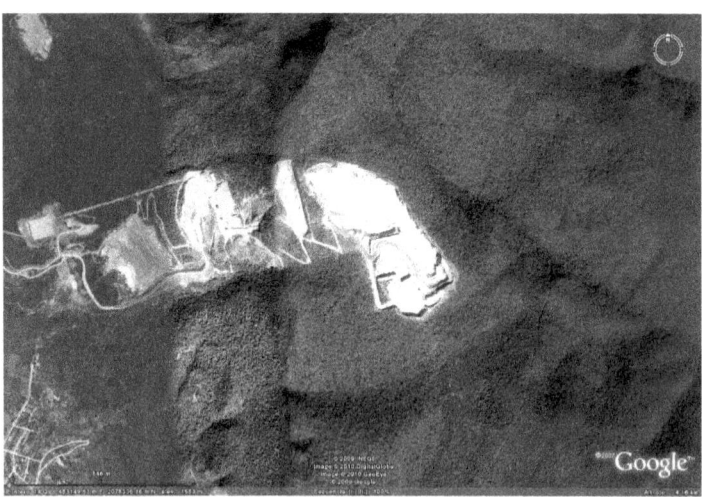

Se debe mencionar que una de los principales agentes de transformación actual y futura de la Reserva es la presencia y actividades de explotación de la Cementera Moctezuma, lo cual además se facilitó con la modificación del decreto que creó la Reserva, con lo que se excluyó una importante porción de la Reserva a favor de dicha cementera. Y en tal sentido lo mínimo que se debe gestionar y exigir a esta empresa es el aporte permanente de los recursos básicos para la operación y manejo de la Reserva, en especial para el desarrollo de proyectos de uso sustentable de recursos a favor de las comunidades, ejidos y pequeñas propiedades inmersas en la Reserva, y que compense en otras áreas de la Sierra Monte Negro, el impacto ambiental que está y estará causando en el área de explotación de la cementera.

Por lo que en concreto se propone lo siguiente:

Que la SEMARNAT solicite a la Cementera una evaluación del potencial impacto geohidrológico del proyecto, y este sea de conocimiento público y evaluado por una institución académica con capacidad técnico científica en el tema.

Que la Cementera se comprometa a aportar permanentemente (es decir durante todo el lapso que esté presente y explotando los recursos naturales de la Sierra Monte Negro) financiamiento para la conservación y manejo de la Reserva Sierra Monte Negro, con lo cual se podría contar con una plantilla básica de personal, así como equipamiento y presupuesto para gastos de operación (vigilancia, educación ambiental, desarrollo de proyectos comunitarios, etc.), y para promover proyectos de restauración y conservación de ecosistemas en otras zonas de la Reserva.

Analizar la situación y principales problemas que enfrenta la Reserva; y asumir que durante los pasados 15 años los Gobiernos estatal y los municipales involucrados han sido incapaces de dar cumplimiento a lo dispuesto en el decreto y programa de manejo de la Reserva, en cuanto a la operación de esta ANP. Por lo que se deben valorar las experiencias y pros y contras de diferentes opciones de manejo para la Reserva y buscar el o los mecanismos para gestionar el manejo real y efectivo del ANP, considerando que las mejores opciones son a través de una organización ciudadana, o una instancia académica, o del involucramiento y desarrollo de capacidades en los dueños y poseedores de la tierra para el manejo de la Reserva.

Proponer un acuerdo con el Gobierno Estatal para concretar el que otorgue la administración de la Reserva a alguna de las organizaciones citadas anteriormente, a través de una estrategia bien definida con la sociedad civil organizada, como proyecto demostrativo para las ANPs de competencia estatal, de acuerdo a lo dispuesto en la legislación ambiental estatal. Llegar a un acuerdo con la Cementera para que otorgue recursos permanentemente para el manejo de la Reserva como mejor mediada para compensar el impacto ambiental que ha causado, está causando y va a causar a la Sierra Monte Negro.

Trabajar en la reactivación del funcionamiento del Comité Técnico de la Reserva que sea la instancia intersectorial para llegar a acuerdos intersectoriales para la operación y manejo de la Reserva. Se debe mencionar que se creó el Comité Interinstitucional para el manejo de la Reserva, cuyo reglamento interno fue publicado en el Periódico Oficial Tierra y Libertad (Poder Ejecutivo 2000) y está vigente, y que lo que se debe es reactivar el funcionamiento de dicho Comité como instancia de consenso y toma de decisiones para el manejo y operación de la Reserva.

Uno de los principales cambios que se introdujo a la Reserva con el decreto modificatorio de 2008, fue el de ampliar la Reserva hacia los manantiales de Chihuahuita, El Salto y El Zapote, en atención a la demanda de los 13 pueblos de Morelos, por lo que es fundamental que en el manejo de la Reserva se invite a participar a los representantes de estos pueblos, a través del Comité Técnico antes citado.

Se debe gestionar ante la SEMARNAT que informe periódicamente a la sociedad los avances de las acciones de mitigación y cumplimiento de las condicionantes a la MIA que presento la Cementera y aprobó la SEMARNAT, y de la evaluación y seguimiento que esté haciendo la comisión formada por investigadores de la UAEM, antes, durante y después de la explotación de la cantera, en cuanto a verificación del cumplimiento de las acciones de restauración ambiental.

A 5 años de la emisión del resolutivo de SEMARNAT en el cual autoriza la MIA presentada por la empresa Cemento Moctezuma para la expansión de la explotación de la cantera en la Sierra Monte Negro, es importante hacer un seguimiento y evaluación del cumplimiento de las condicionantes que se le impusieron, lo cual debe ser realizado por una instancia neutral o autónoma o independiente con la capacidad técnica para ello, para tener una valoración objetiva al respecto. Esta evaluación debe ser de acceso y conocimiento público.

Referencias:
Cemento Moctezuma 2009. Manifestación de Impacto Ambiental Mod. Particular, Cambio de Uso del Suelo. Ampliación de la cantera de caliza de la planta de cemento de Tepezingo. 19 p.

CONABIO-CEAMA 2003, Estrategia Estatal sobre Biodiversidad de Morelos. Comisión Nacional para el Conocimiento y Conservación de la Biodiversidad y Comisión Estatal del Agua y Medio Ambiente. Morelos, México. 67 p.

CONABIO-UAEM 2004. La Diversidad Biológica de Morelos: Estudio de Estado. Contreras, E.T., Jaramillo, F. y Boyas, J.C. Editores. Comisión Nacional para el Conocimiento y Conservación de la Biodiversidad y Universidad Autónoma del Estado de Morelos. México. 155 p.

Jaramillo, F. et al. 2000. Gestión para la planificación y manejo de la Reserva Estatal Sierra monte Negro para la Conservación de la Selva Baja Caducifolia en la Región Central del Estado de Morelos, México. En Los Sistemas Agroforestales de Latino América y La Selva Baja Caducifolia en México. IICA, INIFAP, UAEM. Pp: 519-532.

Messeguer, J. Los funcionarios en el Chihuahuita, Periódico La Jornada: 12 de julio 2007.

Gobierno del Estado Poder Legislativo 1998, Decreto Número ciento noventa y siete, por el que se autoriza al Ejecutivo del Estado, a través de la Comisión Estatal de Reservas Territoriales done un predio de su propiedad a la Universidad Autónoma del Estado de Morelos. Periódico Oficial Tierra y Libertad 3910, 11 de Febrero de 1998, pp: 9-11; y 3922, 10 de Junio de 1998, pp: 13-18

Ordoñez, M.J. Flores, O. 1995. Áreas Naturales Protegidas. PRONATURA México. 43 p.

Periódico Oficial del Estado de Morelos Tierra y Libertad, 1998. Decreto que crea la Reserva Estatal Sierra Montenegro. Periódico Oficial Tierra y Libertad 3922, 10 de Junio de 1998, pp: 13-18.

Periódico Oficial del Estado de Morelos Tierra y Libertad, 2008. Decreto de re-delimitación y re-zonificación de la Reserva estatal Sierra Monte Negro. Periódico Oficial Tierra y Libertad 4614, 22 de Mayo de 2008.

Poder Ejecutivo 2000. Convenio de Coordinación para la Planificación y Manejo de la Reserva Estatal Sierra Monte Negro, Periódico Oficial Tierra y Libertad 4043, 5 de abril de 2000, pp: 13-18

Secretaría de Desarrollo Ambiental 2000, Resumen del Programa de Manejo de la Reserva Estatal "Sierra Monte Negro" Gobierno del Estado de Morelos, Periódico Oficial Tierra y Libertad 4061, 21 junio 2000, pp:13-36.

SEMARNAT 2010. Resolutivo de Impacto Ambiental del Proyecto «Ampliación de la Cantera de caliza de la Planta de Cemento Tepetzingo» Municipio de Tlaltizapan de Zapata, Morelos [Internet]. 2010. Recuperado a partir de: http://sinat.semarnat.gob.mx/dgiraDocs/documentos/mor/resolutivos/2009/17MO2009FD012.pdf